MARCHA CRIANÇA

3º ANO
ENSINO FUNDAMENTAL

PRODUÇÃO DE TEXTO

Nara Luiza Bital Chiappara

Licenciada em Letras (Português e Espanhol) e especialista em Leitura e Produção de Textos pelo Centro Universitário de Belo Horizonte (UNI-BH).
Mestra em Linguística pela Universidade Federal de Viçosa (UFV).

Maria das Graças Leão Sette

Bacharela licenciada em Letras (Português e Francês) pela Faculdade de Ciências Humanas da Pontifícia Universidade Católica de Minas Gerais (PUC-MG).
Licenciada em Letras (Português) pela Universidade Federal de Minas Gerais (UFMG-FAE/PREMEN).
Consultora de projetos didáticos de várias editoras.

Ivone Ribeiro Silva

Licenciada em Letras, com pós-graduação em Leitura e Produção de Textos.
Mestra em Linguística pela Universidade Federal de Minas Gerais (UFMG).
Professora de Língua Portuguesa em escolas do Ensino Fundamental e do Ensino Médio de Belo Horizonte (MG).

Márcia Antônia Travalha

Graduada em Letras (Português e Francês) e especialista em Estudos Linguísticos e Literários pela Universidade Federal de Minas Gerais (UFMG).
Professora em escolas públicas e particulares de Ensino Fundamental em Belo Horizonte (MG).

Antonio de Pádua Barreto Carvalho

Escritor, redator e coordenador do Grupo TBH, que, desde 1999, se dedica à produção de material didático e pedagógico de Língua Portuguesa e Literatura para várias editoras do país.

editora scipione

editora scipione

Presidência: Mario Ghio Júnior
Direção editorial: Lidiane Vivaldini Olo
Gerência editorial: Viviane Carpegiani
Gestão de área: Tatiany Renó
Edição: Mariangela Secco (coord.) e Miriam Mayumi Nakamura
Planejamento e controle de produção: Flávio Matuguma, Juliana Batista, Felipe Nogueira e Juliana Gonçalves
Revisão: Kátia Scaff Marques (coord.), Brenda T. M. Morais, Claudia Virgilio, Daniela Lima, Malvina Tomáz e Ricardo Miyake
Arte: André Gomes Vitale (ger.), Catherine Saori Ishihara (coord.), Christine Getschko (edição de arte)
Diagramação: Ponto Inicial Design Gráfico
Iconografia e tratamento de imagem: André Gomes Vitale (ger.), Claudia Bertolazzi e Denise Durand Kremer (coord.), Tempo Composto (pesquisa iconográfica), Fernanda Crevin (tratamento de imagens)
Licenciamento de conteúdos de terceiros: Roberta Bento (ger.); Jenis Oh (coord.), Liliane Rodrigues, Flávia Zambon e Raísa Maris Reina (analistas de licenciamento)
Ilustrações: Faniana Faiallo (aberturas), Ilustra Cartoon
Design: Gláucia Correa Koller (ger.), Flávia Dutra e Gustavo Vanini (proj. gráfico e capa), Erik Taketa (pós-produção)
Ilustração de capa: Estúdio Luminos

Avenida Paulista, 901, 6º andar – Bela Vista
São Paulo – SP – CEP 01310-200
http://www.somoseducacao.com.br/

Dados Internacionais de Catalogação na Publicação (CIP)

Marcha Criança : produção de texto 1º ao 5º ano / Nara Luiza Bital Chiappara...[et al]. -- 2. ed. -- São Paulo : Scipione, 2020.
(Coleção Marcha Criança ; vol. 1 ao 5)

Outros autores: Maria das Graças Leão Sette, Ivone Ribeiro Silva, Márcia Antônia Travalha, Antonio de Pádua Barreto Carvalho
Bibliografia

1. Língua portuguesa (Ensino fundamental) Anos iniciais 2. Produção de texto 3. Leitura I. Título II. Chiappara, Nara Luiza Bital III. Série

20-1072 CDD 372.6

Angélica Ilacqua - Bibliotecária - CRB-8/7057

2024
Código da obra CL 745881
CAE 721157 (AL) / 721158 (PR)
ISBN 9788547402976 (AL)
ISBN 9788547402983 (PR)
2ª edição
4ª impressão
De acordo com a BNCC.

Impressão e acabamento Vox Gráfica / OP: 226947

Uma publicação SOMOS EDUCAÇÃO

Com ilustrações de **Fabiana Faiallo**, seguem abaixo os créditos das fotos utilizadas nas aberturas de Unidade:

UNIDADE 1: Pilha vermelha: Breaking The Walls/Shutterstock, **Pilhas verdes:** Oleksandr Lafeta/Shutterstock, **Papelões:** Africa Studio/Shutterstock, **Robô de papelão:** Bas Nastassia/Shutterstock, **Ferramentas:** Fobosvobos/Shutterstock, **Óculos de armação roxa:** gowithstock/Shutterstock, **Óculos de armação preta:** Shutter B Photo/Shutterstock, **Caixa plástica amarela:** Titania/Shutterstock.

UNIDADE 2: Tronco de árvore cortado: Tanarch/Shutterstock, **Mato:** oradige59/Shutterstock, **Lua:** harogos/Shutterstock, **Borboletas:** Butterfly Hunter/Shutterstock, **Morcegos:** Independent birds/Shutterstock, **Céu:** ShooLandia/Shutterstock.

UNIDADE 3: Buquê de flores roxas: lcrms/Shutterstock, **Placa:** Andrey_Kuzmin/Shutterstock, **Ramo de folhas:** Heavenman/Shutterstock, **Folhas:** Ortis/Shutterstock, **Placa de sinalização verde:** Arcady/Shutterstock, **Placa de sinalização amarela:** Technicsorn Stocker, **Placa de sinalização branca:** adison pangchai/Shutterstock, **Arbusto com flores:** sakdam/Shutterstock, **Paisagem com gramado e céu:** majeczka/Shutterstock, **Bicicleta:** Ljupco Smokovski/Shutterstock.

UNIDADE 4: Cacto 1: Chansom Pantip/Shutterstock, **Cacto 2:** arka38/Shutterstock, **Árvore:** JARRUVAT HOMTHONG/Shutterstock, **Fogueira:** yevgeniy11/Shutterstock, **Cordel de balão:** ARY FALCAO/Shutterstock, **Chapéu de cangaceiro:** Kleber Cordeiro/Shutterstock, **Cordel de casal dançando:** HST6/Shutterstock, **Demais cordéis:** bproject7/Shutterstock, **Violão:** Luciano Queiroz/Shutterstock, **Músicos de barro:** Marcio Jose Bastos Silva/Shutterstock, **Moça de barro:** Marcio Jose Bastos Silva/Shutterstock, **Cacto 3:** arka38/Shutterstock.

APRESENTAÇÃO

Querido aluno, querida aluna,

Prontos para embarcar no mundo da leitura e da produção de textos? Para que essa viagem seja prazerosa, com muita informação, aventura e diversão, preparamos a coleção **Marcha Criança Produção de texto**. Com ela, você vai ler e produzir, passo a passo, textos dos mais variados gêneros.

Em cada Unidade selecionamos diferentes textos, interligados por um assunto ou tema comum, e relacionados ao mundo em que vivemos.

Vocês vão ler e aprender de tudo um pouco. E, é claro, produzirão textos com o seu toque de criatividade e imaginação.

Preparados para se tornarem escritores?

Com carinho,

Os autores

Fabiana Faiallo/Arquivo da editora

CONHEÇA SEU LIVRO

Veja a seguir como o seu livro está organizado.

UNIDADE

Seu livro está organizado em quatro Unidades. As aberturas são compostas dos seguintes boxes:

Entre nesta roda

Você e seus colegas terão a oportunidade de conversar sobre a imagem apresentada e a respeito do que já sabem sobre o tema da Unidade.

Nesta Unidade vamos estudar...

Você vai encontrar uma lista dos conteúdos que serão estudados na Unidade.

LEITURA 1 e LEITURA 2

Cada Unidade é composta de 3 itens e cada um deles aborda um gênero textual diferente. Os textos estão organizados em **Leitura 1** e **Leitura 2**.

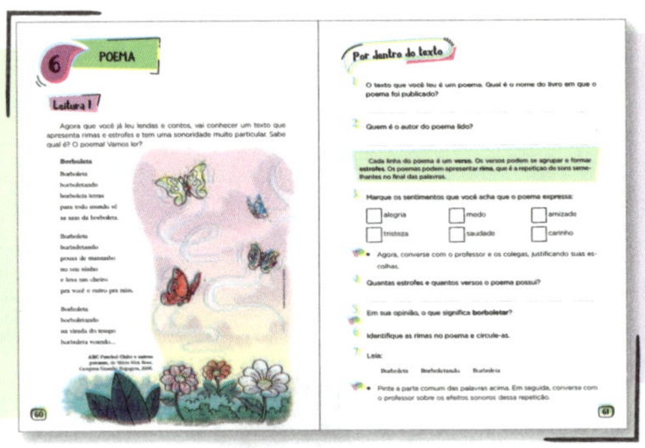

POR DENTRO DO TEXTO

Aqui você encontra atividades de compreensão do texto e exploração das características do gênero textual.

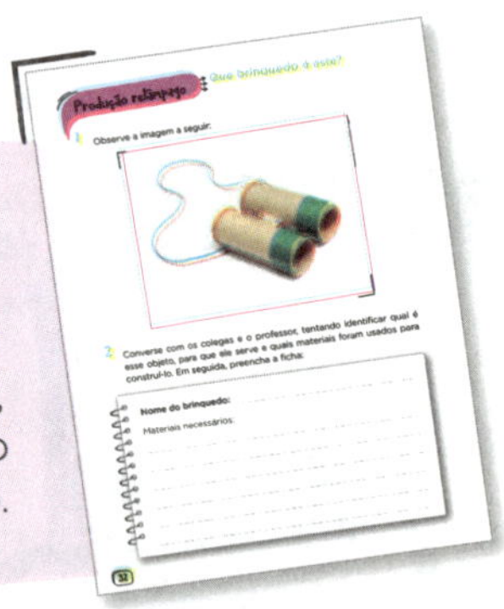

PRODUÇÃO RELÂMPAGO

Uma atividade de produção breve, para ser realizada no próprio livro.

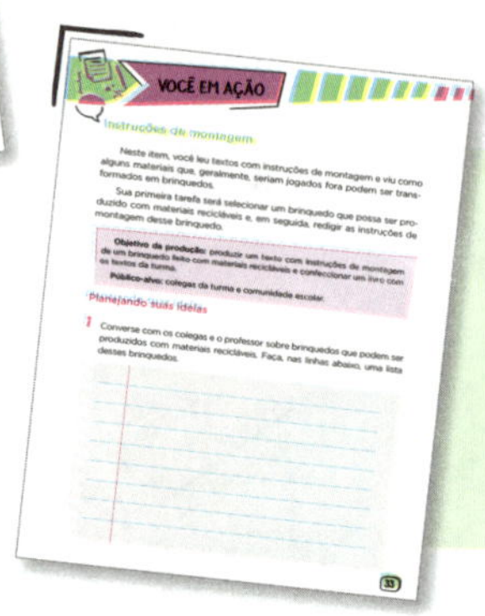

VOCÊ EM AÇÃO

Esta seção encerra o item. Nela você encontra uma proposta de produção de texto, com instruções passo a passo.

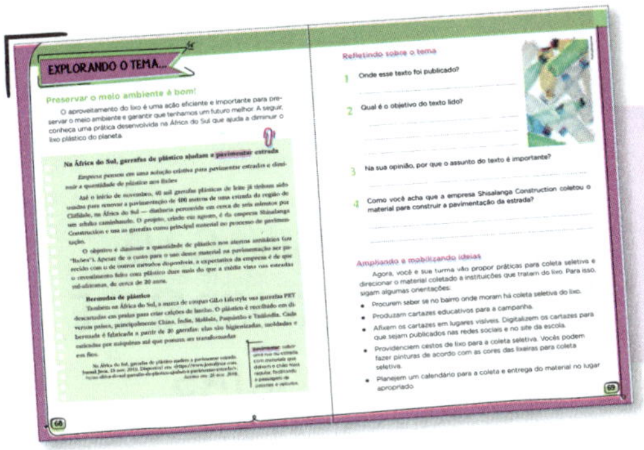

EXPLORANDO O TEMA...

Esta seção aborda temas variados para você refletir, ampliar seu conhecimento e discutir suas ideias.

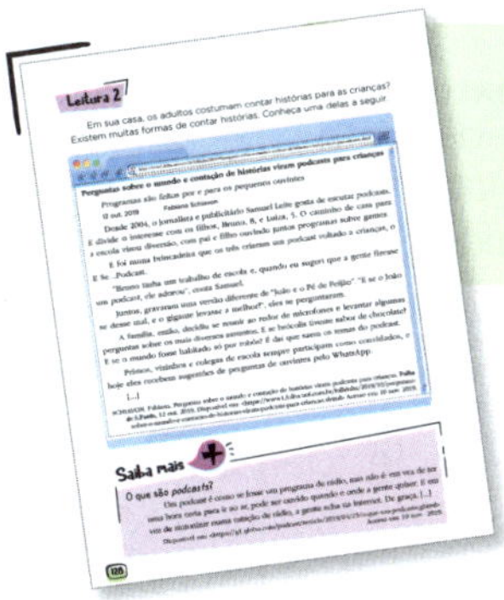

SAIBA MAIS

Boxe com curiosidades e dicas sobre o conteúdo estudado.

QUEM É?

Boxe com informações sobre autores e artistas.

AMPLIANDO O VOCABULÁRIO

Você encontra no texto algumas palavras destacadas e o significado delas na mesma página. Assim, você amplia seu vocabulário.

SUGESTÕES PARA O ALUNO

No final do livro, você encontra indicações de livros, *sites*, filmes e CDs para complementar seus estudos.

TECNOLOGIA PARA...

Este boxe apresenta atividades, informações e dicas que envolvem o uso da tecnologia.

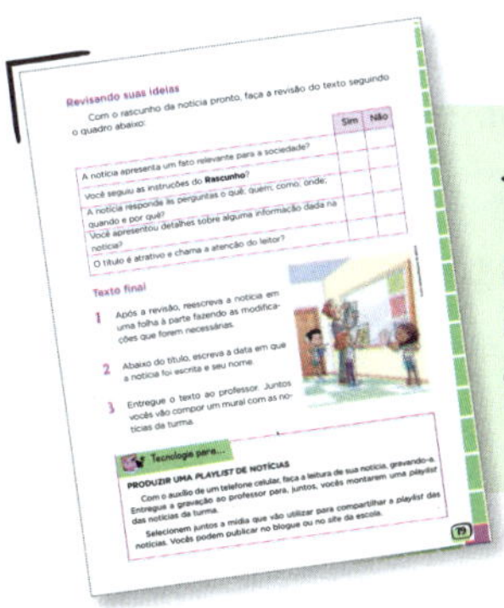

Quando você encontrar estes ícones, fique atento!

Atividade em dupla

Atividade em grupo

Atividade oral

Atividade no caderno

SUMÁRIO

Fernando Favoretto/Criar Imagem

Ilustra Cartoon/Arquivo da editora

UNIDADE 3 SER CIDADÃO 70

UNIDADE 4 UM POUCO DE CULTURA POPULAR 100

UNIDADE 1

TECNOLOGIA E LIXO: CUIDE E BRINQUE!

Entre nesta roda

- Descreva a cena.
- Que materiais estão sendo utilizados para construir o robô da cena?
- Você acha que seria difícil construir um robô como este?
- Você já construiu objetos com materiais reaproveitados?

Nesta Unidade vamos estudar...

- Texto de divulgação científica
- Campanha de conscientização
- Instruções de montagem

Fabiana Faiallo/Arquivo da editora

1 TEXTO DE DIVULGAÇÃO CIENTÍFICA

Leitura 1

Você já imaginou um peixe robô? Leia o texto a seguir para conhecer um invento que vai ajudar pesquisadores a estudar o fundo do mar.

Conheça SoFi, o robô que nada como peixe

[...]

Cientistas do Instituto de Tecnologia de Massachusetts (MIT) apresentaram um novo equipamento para ajudar nos estudos do fundo do mar: um robô em formato de peixe capaz de nadar sozinho ou ser controlado remotamente em tempo real.

A máquina monitora animais marinhos sem perturbá-los.

Batizada de SoFi (Soft Robotic Fish), a máquina pode nadar por 40 minutos a uma profundidade de 18 metros, suportar correntes fortes e registrar imagens submarinas usando suas lentes "olho de peixe". E o melhor: ela não assusta os animais marinhos.

O "peixe" se movimenta por meio de uma bomba hidráulica em sua cauda. As suas barbatanas falsas permitem que ele alcance novas profundidades enquanto nada, tanto para cima quanto para baixo, tudo em um dispositivo com o tamanho de um salmão.

Ele foi testado no oceano Pacífico e se misturou com os demais peixes sem lhes causar qualquer tipo de perturbação.

Controle de Super Nintendo

Os movimentos do SoFi podem ser programados ou comandados por um controle remoto de Super Nintendo à prova d'água em tempo real, pois o *joystick* envia informações ao robô por meio de vibrações na água.

O próximo passo, segundo os pesquisadores, é tornar o robô mais rápido e fazer com que ele consiga ficar mais tempo no fundo do mar. O objetivo maior é proteger as vidas marinhas.

Conheça SoFi, o robô que nada como peixe. **Jornal Joca**, 26 mar. 2018. Disponível em: <https://www.jornaljoca.com.br/conheca-sofi-o-robo-que-nada-como-peixe/>. Acesso em: 3 mar. 2020.

Por dentro do texto

1 Onde o texto foi publicado?

....

....

2 A que público esse texto se dirige?

....

....

3 Qual é o título do texto?

....

....

Os **textos de divulgação científica** são produzidos, geralmente, por jornalistas e têm a função de trazer aos leitores informações científicas obtidas a partir de pesquisas realizadas por cientistas e pesquisadores que trabalham em laboratórios ou em centros de pesquisa e ciência. Esses textos apresentam linguagem clara para que todos os leitores possam compreender as informações que estão sendo veiculadas.

4 Qual é o nome do instituto responsável pelo robô?

....

....

5 Que equipamento foi apresentado pelos cientistas?

....

....

....

6 Releia este trecho.

Batizada de SoFi (Soft Robotic Fish)

- Que informação é apresentada entre parênteses?

....

....

....

7 Os textos de divulgação científica também apresentam termos e palavras científicas. Marque com um **X** as palavras abaixo que você considera técnicas ou científicas.

☐ bomba hidráulica

☐ dispositivo

☐ lentes

☐ perturbação

8 Quais são os benefícios de SoFi?

....

....

....

9 Como SoFi funciona? Para que servem as barbatanas falsas?

....

....

....

Leitura 2

Você sabia que ao cuidar do lixo que produzimos estamos contribuindo para o bem-estar do planeta? Leia o texto a seguir sobre um tipo de lixo que vem aumentando a cada ano.

E-lixo. O que é isso?

Já percebeu que alguns equipamentos eletrônicos, depois de um tempo de uso – ploft! – não funcionam mais? O que você e sua família fazem com computadores, celulares, *tablets*, micro-ondas, televisão e outros aparelhos que enguiçam? Jogam no lixo? Hummm... Será essa a melhor opção? Com certeza, não. Descartando de maneira incorreta o 'e-lixo', como ficou conhecido o lixo eletrônico, contribuímos com a poluição do planeta. Mas a verdade é que alguns desses equipamentos já saem das lojas com um tempo de vida determinado. Assim, o consumidor logo compra outro mais moderno, e não sabe mesmo o que fazer com o anterior. Mas será que as coisas precisam ser assim?

Um dos grandes desafios atuais é o destino do lixo eletrônico. Nas últimas décadas, sua produção aumentou. Mas por quê? Por um lado, pela evolução tecnológica, em que tudo fica ultrapassado num piscar de olhos; por outro, pela grande vontade que algumas pessoas têm de comprar e comprar e comprar...

Em média, cada brasileiro produz cerca de oito quilos de lixo eletrônico por ano. Isso faz com que o nosso país seja o sétimo maior produtor de *e-lixo* do mundo. Nos Estados Unidos e no Canadá, cada pessoa produz cerca de 20 quilos de lixo eletrônico por ano. Na Europa, são quase 17 quilos anuais por habitante. Considerando todo o continente africano (mais de um bilhão de pessoas) são gerados, em média, quase dois quilos de lixo eletrônico por habitante anualmente.

No mundo todo, estima-se que são produzidas 50 milhões de toneladas de *e-lixo* por ano. Os pesquisadores já apontam que, até o ano de 2050, o nível de produção desse tipo de resíduo alcançará 120 milhões de toneladas por ano. É muito *e-lixo*, gente!

Jean Carlos Miranda – Departamento de Ciências Exatas, Biológicas e da Terra, Universidade Federal Fluminense

Marcela Eringe Mafort – Secretaria de Estado de Educação de Minas Gerais

Maíra Moraes – Ciências Biológicas, Universidade Veiga de Almeida

Ciência Hoje das Crianças. Disponível em: <http://chc.org.br/artigo/e-lixo-o-que-e-isso/>. Acesso em: 20 nov. 2019.

Por dentro do texto

1 O que significa "e-lixo"? Que tipos de produto podem ser considerados e-lixo?

2 Por que o destino do lixo eletrônico é considerado um desafio?

3 Quais são as duas razões dadas no texto para justificar o aumento da produção dos produtos eletrônicos?

4 Releia este trecho:

pela grande vontade que algumas pessoas têm de comprar e comprar e comprar...

- Em sua opinião, por que a palavra **comprar** foi repetida três vezes?

5 No caderno, escreva as informações dadas a respeito da produção de e-lixo nos seguintes lugares:

a) Nos Estados Unidos e no Canadá.

b) Na Europa.

- Levante hipóteses: Qual seria a fonte dessas informações?

6 Identifique os autores do texto. Em sua opinião, eles são capacitados para escrever sobre esse assunto? Converse com os colegas e o professor.

Produção relâmpago

Produção de glossário

Um **glossário** é um conjunto de termos e seus significados organizado em ordem alfabética.

Retome a leitura dos dois textos de divulgação científica e selecione algumas palavras ou termos científicos que você considere importantes ou pouco conhecidos.

No espaço a seguir, produza um glossário com essas palavras.

VOCÊ EM AÇÃO

Texto de divulgação de pesquisa

No texto **E-lixo. O que é isso?**, entendemos um pouco o problema do lixo eletrônico. Mas e quanto ao lixo que produzimos em casa? Você e os colegas vão fazer uma pesquisa para descobrir mais sobre o lixo domiciliar e, depois, divulgar os resultados.

Objetivo da produção: produzir um texto de divulgação de pesquisa para ser compartilhado no blogue ou no *site* da escola.

Público-alvo: comunidade escolar.

Planejando suas ideias

Você e sua turma vão escrever um texto de divulgação de pesquisa sobre o lixo domiciliar. Para isso, deverão fazer pesquisas e entrevistas com pessoas conhecidas e familiares. Siga as instruções abaixo.

1 Pesquise em *sites* e livros os seguintes tópicos. Registre as informações no caderno.

- O que é lixo domiciliar?
- Que riscos o lixo domiciliar pode ocasionar ao meio ambiente?
- Em seu bairro ou cidade há coleta seletiva?

2 Em casa, entreviste três pessoas. Anote as respostas no caderno. A seguir, algumas sugestões de perguntas:

- Você sabe o que é lixo domiciliar?
- Você separa o lixo reciclável?
- Você consome produtos com muitas embalagens?
- Como é feita a coleta de lixo em seu bairro?

3 Após realizar a pesquisa e as entrevistas, reúna-se em grupo com alguns colegas para compartilhar e apurar as informações e os dados coletados.

4 Registrem os resultados na tabela a seguir.

	Número de pessoas
Sabem o que é lixo domiciliar.	
Separam o lixo reciclável.	
Consomem produtos com muitas embalagens.	
Total de pessoas entrevistadas:	

Rascunho

Com a pesquisa e os dados da entrevista tabulados, você e seu grupo vão escrever um texto para divulgar o resultado da pesquisa. Sigam os passos abaixo.

- No primeiro parágrafo, expliquem que a pesquisa do grupo foi motivada pela necessidade de compreender os hábitos da comunidade escolar em relação ao lixo domiciliar.
- No segundo parágrafo, expliquem o que é lixo domiciliar e as consequências que ele pode trazer para o meio ambiente.
- Já no terceiro parágrafo, vocês deverão apresentar os dados da entrevista: a quantidade de pessoas entrevistadas, as perguntas feitas na entrevista e as respostas.
- No quarto parágrafo, expliquem o que é a coleta seletiva.
- Finalizem explicando a importância de consumirmos produtos com menos embalagens e sugerindo ações, como a higienização e separação do lixo reciclável e o encaminhamento para postos de reciclagem.
- Deem um título atrativo para o texto.

Banco de imagens/Arquivo da editora

Revisando suas ideias

1 Façam a revisão do texto seguindo o quadro abaixo.

	Sim	Não
As informações estão corretas, completas e bem explicadas?		
O texto foi organizado de acordo com os passos indicados no **Rascunho**?		
Ainda há dúvidas sobre alguma informação fornecida ou pesquisada?		
O texto apresenta corretamente os dados das entrevistas?		
A grafia das palavras e a pontuação estão corretas?		
Em sua opinião, o título desperta a curiosidade do leitor?		

2 Peçam ao professor que leia o texto e os oriente sobre como melhorá-lo.

Texto final

1 Depois da revisão do texto, reescrevam a versão final, fazendo os ajustes necessários e seguindo as orientações do professor.

2 Ilustrem o texto ou façam colagens com imagens que tenham relação com o tema da pesquisa.

3 Depois, entreguem o texto ao professor. Juntos, vocês vão digitalizar os textos e compartilhá-los no blogue ou no *site* da escola.

DeawSS/Shutterstock

2 CAMPANHA DE CONSCIENTIZAÇÃO

Leitura 1

Você já parou para pensar para onde vai todo o lixo eletrônico produzido? Sabe qual é a forma correta de descartá-lo? Leia o texto a seguir e descubra como o descarte pode ser feito de forma segura.

Disponível em: <https://www.arvoredo.sc.gov.br/noticias/index/ver/codMapaItem/6769/codNoticia/575012>. Acesso em: 9 abr. 2020.

Por dentro do texto

1 O texto que você leu é uma campanha de conscientização. Qual é o objetivo desse texto?

....

....

....

2 As campanhas de conscientização costumam apresentar um *slogan*. Leia a seguir o *slogan* da campanha apresentada:

Lixo eletrônico
Agora tem o seu lugar!

- Converse com os colegas e o professor sobre o significado desse *slogan*.

3 Que informações estão em destaque no texto?

....

....

....

4 Observe as ilustrações que aparecem na campanha. O que elas indicam?

....

....

....

A **campanha de conscientização** tem a finalidade de convencer e sensibilizar o leitor, levando-o a aderir a uma ideia. Esses textos utilizam linguagem verbal (texto) e linguagem não verbal (imagens, ilustrações), além de recursos gráficos, como diferentes tamanhos de letras, uso de cores, símbolos, setas, etc.

Também é comum apresentar um *slogan*, que é uma frase usada para motivar e incentivar uma ação.

5 Observe o símbolo na lata de lixo.

Reprodução/https://www.arvoredo.sc.gov.br/

a) Você já viu esse símbolo antes? Onde?

b) Converse com os colegas e o professor sobre seu significado.

6 A campanha de conscientização é promovida por quem?

....

....

7 Quais aparelhos serão recolhidos na campanha?

....

....

8 Releia as informações que aparecem no quadro amarelo em destaque. Essas informações são importantes? Por quê?

....

....

9 Onde o lixo eletrônico será recolhido? Localize a informação e copie-a.

....

10 Releia:

Entrega voluntária.

a) Pesquise em um dicionário os significados da palavra **voluntário**.

....

....

b) Explique o sentido de "entrega voluntária".

....

....

Leitura 2

Papéis, latas, restos de comida, embalagens de todo tipo geram lixo de montão. Não é só o lixo eletrônico que precisa de cuidado. Leia mais uma campanha de conscientização e aprenda a cuidar melhor do lixo que você produz.

Disponível em: <http://www.mpdft.mp.br/portal/pdf/comunicacao/campanhas/Anuncio_Revista_Campanha_Cidade_Limpa_MPDFT.pdf>. Acesso em: 21 nov. 2019.

Por dentro do texto

1 Quem promoveu essa campanha de conscientização?

2 Qual o objetivo da campanha?

3 Que informação está em destaque? Copie-a.

- Converse com os colegas e o professor: Qual o sentido dessa informação?

4 Observe a ilustração.

a) Em que lugar a menina está?

b) Que imagem está reproduzida ao fundo da cena?

c) O que as cores das lixeiras representam?

5 Releia o *slogan*.

Para sua cidade ficar limpa, só depende de você. Falta de educação? Aqui não.

- Que atitudes poderiam ser consideradas falta de educação?

Produção relâmpago → Seja cidadão!

1 Observe as imagens a seguir.

© Arionauro/Acervo do cartunista

Flat vectors/Shutterstock

Agora, converse com os colegas e o professor:

- Você acha que cenas como essas são comuns? Você já presenciou algo parecido? Onde? Como você agiu?
- Se você pudesse dar um conselho para essas pessoas, o que diria?

2 **Depois de discutir e refletir a respeito das cenas, crie duas frases incentivando essas pessoas a agir da forma correta.**

....

....

....

....

....

VOCÊ EM AÇÃO

Campanha de conscientização

Neste item, você teve a oportunidade de refletir sobre a importância do cuidado com o lixo. Agora, você e os colegas vão produzir uma campanha de conscientização voltada para a comunidade escolar.

Objetivo da produção: criar uma campanha de conscientização e produzir cartazes.

Público-alvo: comunidade escolar.

Planejando suas ideias

1 Converse com os colegas e o professor sobre os seguintes itens. Registre as informações no caderno.

- Que medidas você e seus familiares adotam para descartar o lixo corretamente?
- Na sua escola e em seu bairro há coleta seletiva?
- As lixeiras contêm indicações para facilitar a separação do lixo?
- As pessoas utilizam as lixeiras e descartam o lixo de forma correta?
- Que medidas você poderia propor para melhorar o descarte do lixo produzido em sua escola e em seu bairro?

2 Depois de discutir e refletir sobre esses pontos, definam juntos o tema da campanha de conscientização para descarte correto do lixo. Ele será o mesmo para todos os cartazes produzidos.

3 Escreva nas linhas abaixo o tema da campanha.

....

....

....

Rascunho

1 Reúna-se com um colega para fazerem o rascunho do cartaz da campanha de conscientização. Para produzirem o texto, sigam as orientações abaixo, registrando-as no caderno.

- Quais ideias serão apresentadas no cartaz?
- Que ilustrações poderão ser utilizadas?
- Como será feita a disposição do texto e das imagens no cartaz?
- Que imagens e frases serão colocadas em destaque?
- Qual será o *slogan*?

2 Depois de definirem os itens acima, façam a primeira versão do texto no espaço abaixo. Utilizem lápis. Distribuam as informações de modo que o cartaz fique atraente e bem bonito.

Revisando suas ideias

Troquem o rascunho com o de outros colegas e façam a revisão do texto seguindo o quadro abaixo:

	Sim	Não
A temática está evidente e em destaque?		
Há indicações de imagens para atrair a atenção do leitor?		
Há informações que orientam e motivam as pessoas a agir de modo consciente em relação ao lixo?		
A campanha apresenta um *slogan*?		
Há indicação de quem está promovendo a campanha de conscientização?		
A grafia das palavras e a pontuação estão corretas?		

Texto final

1 Depois da revisão, façam as alterações necessárias e peçam a ajuda do professor para melhorar o texto.

2 Em uma cartolina, produzam a versão final. Com muito capricho, transcrevam as informações do rascunho.

3 Com os cartazes prontos, selecionem locais na escola para afixá-los. Escolham lugares em que haja grande circulação de pessoas e nos quais os cartazes fiquem visíveis. Assim, vocês contribuirão para a melhoria da qualidade de vida de nossa sociedade.

DeawSS/Shutterstock

3 INSTRUÇÕES DE MONTAGEM

Leitura 1

Você sabia que pode criar brinquedos com materiais que geralmente seriam descartados? Você se diverte e cuida do meio ambiente! O texto que vamos ler vai nos ensinar a fazer um avião de papel.

Fazer um aviãozinho de papel perfeito

Pronto para decolar? Pegue uma folha de papel e faça você mesmo uma incrível aeronave para lançar em direção ao céu.

1 Dobre o papel ao meio no sentido do comprimento e depois abra novamente, formando um vinco.

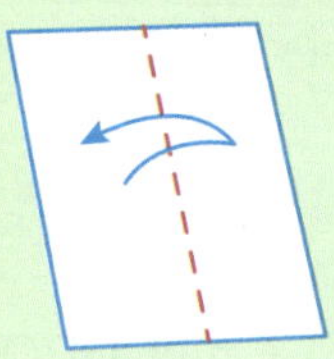

2 Dobre o canto superior direito para dentro até encostar no vinco central. Faça o mesmo com o canto esquerdo.

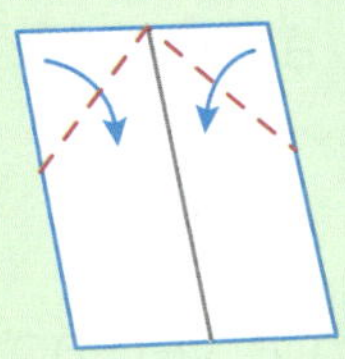

3 Agora a parte superior do papel deve estar com o formato de um triângulo.

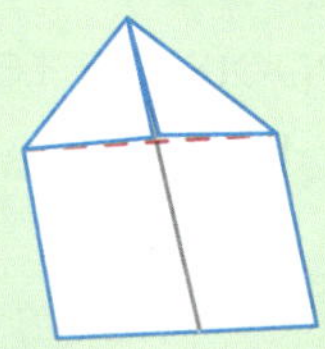

4 Dobre o triângulo para baixo em direção ao centro do papel.

5 Dobre o canto direito para dentro em direção ao centro. Faça o mesmo com o canto esquerdo. As duas pontas devem ficar encostadas uma na outra.

6 Dobre o papel ao meio ao longo do vinco que você fez no passo **1**.

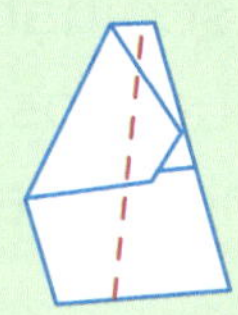

7 Para fazer as asas, dobre os cantos para baixo em direção à parte inferior do avião.

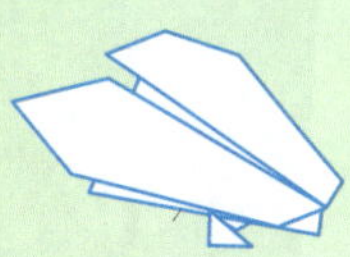

8 Segure o aviãozinho pela parte de baixo e atire com força. Veja só como ele voa!

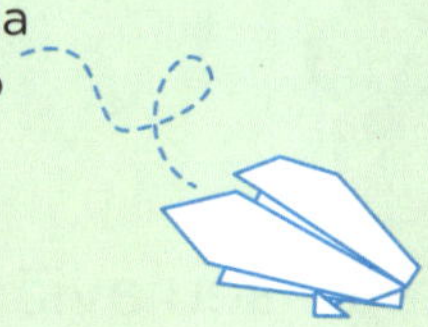

POR QUE NÃO?
Enfeite seu aviãozinho com um desenho exclusivo.

Banco de imagens/Arquivo da editora

101 coisas para você fazer antes de crescer, de Laura Dower. Tradução de Maria Luiza de Abreu Lima Paz. São Paulo: Girassol, 2014.

vinco: sinal, marca ou sulco que fica em algo que se dobrou; dobra, prega.

Por dentro do texto

1 Para quem você acha que esse texto foi escrito?

....

....

As **instruções de montagem** são textos que orientam sobre como fazer, montar ou construir alguma coisa. Esses textos devem ser claros e bastante explicativos. Podem trazer ilustrações ou não. Nesses textos, são usadas palavras que orientam, guiam ou conduzem o leitor.

2 Sublinhe no texto as palavras **dobre**, **segure**, **atire**.

- Qual é a função dessas palavras no texto?

....

....

3 Observe as ilustrações do texto e responda.

a) Para que servem as linhas vermelhas tracejadas?

....

b) Para que servem as setas?

....

c) Por que as ilustrações do texto que você leu são importantes?

....

4 No trecho "Enfeite seu aviãozinho com um desenho exclusivo.", o que pode ser um **desenho exclusivo**?

5 Em sua opinião, por que foi usada a palavra "perfeito" no título?

Leitura 2

Vamos construir um robô? Ele não faz coisas fantásticas como nos filmes de ficção científica, mas até parece um robô de verdade!

Robô

Você já viu um androide? É uma máquina que imita o corpo humano e que, ao simples aperto de um botão, se locomove. Ele tem aparência moderna, mas sua história é antiga, tendo surgido antes do nascimento de Cristo. Já na escola de Filosofia de Pitágoras, o filósofo Arquitas de Tarento criou uma pomba voadora. Em 1509, Leonardo da Vinci deu de presente ao rei Luís XII, da França, um leão que "andava" e distribuía flores. Posteriormente, em 1630, René Descartes, o grande matemático e filósofo francês, inventou um bebê mecânico.

Materiais

6 garrafas plásticas de refrigerante (3 grandes, 2 médias, 1 pequena)

Elástico redondo grosso

Bolas de gude

Canudos de refrigerante

Um par de olhos plásticos

Retalhos de E.V.A.

Fita

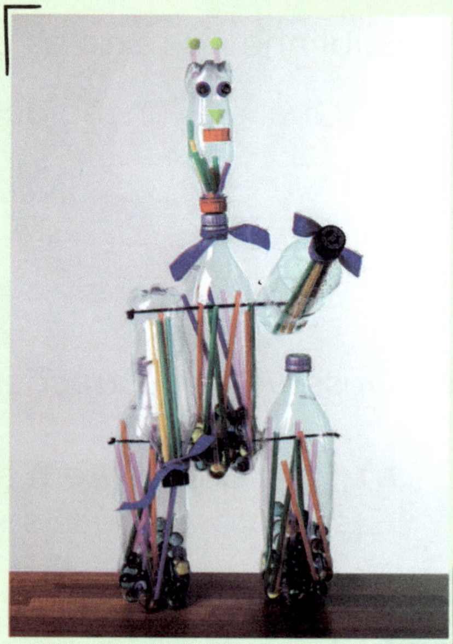

Sérgio Dotta Jr./Arquivo da editora

Confecção

Use as três garrafas grandes para fazer o corpo e as pernas do robô. Coloque a do meio um pouco para cima, na altura do gargalo das duas pontas. Faça furos e amarre-as com elástico. Em seguida, pegue duas garrafas médias e prenda-as ao corpo do robô também usando elástico. Com a pequena, faça a cabeça. Encha as partes com canudos e bolas de gude, para decorar e dar peso. Cole o par de olhos, a boca e o nariz feitos de E.V.A. Amarre os laços nos braços e pescoço.

E.V.A.: material feito de borracha muito utilizado para fazer trabalhos artesanais.
gargalo: parte superior da garrafa, de forma alongada e abertura estreita.

Brinquedoteca: jogos, brinquedos e brincadeiras, de Natividade Pereira. São Paulo: Paulinas, 2004.

Por dentro do texto

1 Que brinquedo o texto ensina a fazer?

2 O texto começa com uma pergunta. Qual é essa pergunta?

3 A quem é feita essa pergunta?

4 De acordo com o texto, androide e robô são a mesma coisa? Justifique sua resposta.

5 Antes das instruções e da lista de materiais necessários, são apresentadas algumas informações sobre o robô. Que informações são essas?

6 Essas informações são importantes para a construção do brinquedo? Por quê?

7 Quais são os materiais necessários para construir o brinquedo?

8 Você seria capaz de construir o robô com base nas instruções fornecidas no texto? Por quê?

Produção relâmpago ⟫ Que brinquedo é este?

1 Observe a imagem a seguir:

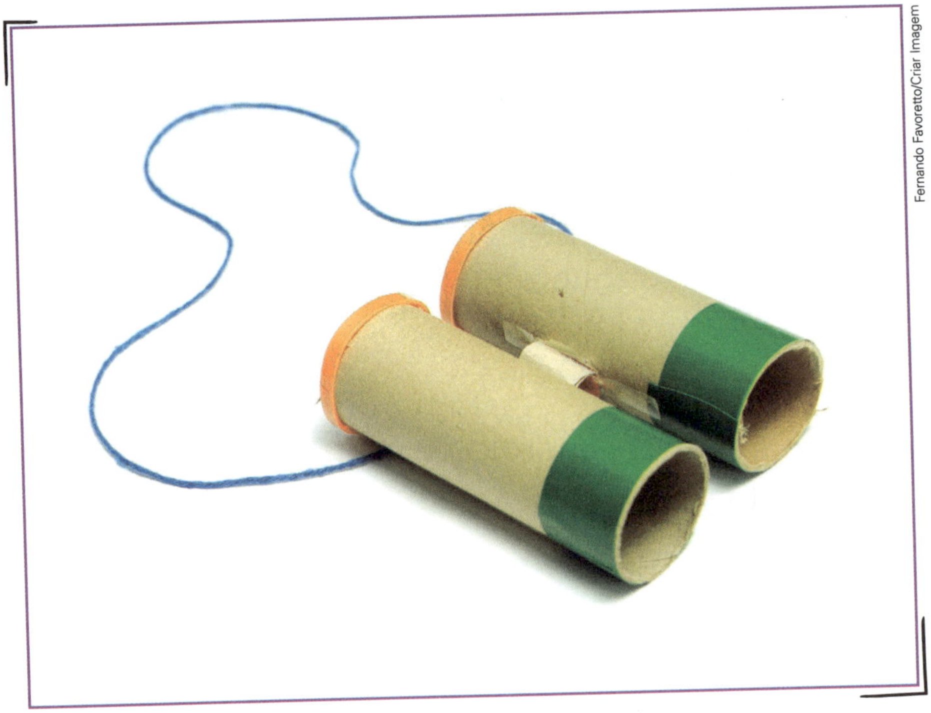

Fernando Favoretto/Criar Imagem

2 Converse com os colegas e o professor, tentando identificar qual é esse objeto, para que ele serve e quais materiais foram usados para construí-lo. Em seguida, preencha a ficha:

Nome do brinquedo: ....

Materiais necessários:

....

....

....

....

....

....

VOCÊ EM AÇÃO

Instruções de montagem

Neste item, você leu textos com instruções de montagem e viu como alguns materiais que, geralmente, seriam jogados fora podem ser transformados em brinquedos.

Sua primeira tarefa será selecionar um brinquedo que possa ser produzido com materiais recicláveis e, em seguida, redigir as instruções de montagem desse brinquedo.

Objetivo da produção: produzir um texto com instruções de montagem de um brinquedo feito com materiais recicláveis e confeccionar um livro com os textos da turma.

Público-alvo: colegas da turma e comunidade escolar.

Planejando suas ideias

1 Converse com os colegas e o professor sobre brinquedos que podem ser produzidos com materiais recicláveis. Faça, nas linhas abaixo, uma lista desses brinquedos.

2 Depois de conversar sobre os brinquedos que poderão ser feitos, reúna-se com dois colegas para formar um trio. Com eles, siga as instruções:

- Anotem o nome do brinquedo que será produzido.
- Façam uma lista com os materiais que serão necessários para a produção do brinquedo.
- Anotem o nível de dificuldade para a produção do brinquedo.

Rascunho

1 Agora, você e seus colegas vão escrever o texto com as instruções de montagem. Preencham, abaixo, as informações indicadas.

2 Não se esqueçam de que as instruções de montagem devem orientar o leitor. Portanto, usem os verbos adequados, por exemplo: corte, cole, coloque, dobre, etc.

✔ Nome do brinquedo: ....

✔ Nível de dificuldade: ....

✔ Material necessário:

....

....

....

✔ Instruções de montagem:

....

....

....

....

....

....

Revisando suas ideias

Com o rascunho pronto, façam a revisão do texto seguindo o quadro abaixo.

	Sim	Não
O material está relacionado corretamente?		
Todas as etapas da confecção do brinquedo estão explicadas?		
Foram usados verbos para indicar as ações que devem ser realizadas?		
A grafia das palavras e a pontuação estão corretas?		

Texto final

1 Sigam as orientações do professor e, em uma folha avulsa, reescrevam o texto fazendo as modificações necessárias.

2 Façam desenhos para ilustrar cada etapa da montagem.

3 Com os trabalhos prontos, reúnam todos os textos produzidos, formando um livro. Juntos, produzam a capa e o sumário.

4 Criem um título para o livro.

Fernando Favoretto/Criar Imagem

Fernando Favoretto/Criar Imagem

ABB Photo/Shutterstock

Fernando Favoretto/Criar Imagem

UNIDADE 2

IMAGINAÇÃO, CRIATIVIDADE E HISTÓRIAS

Entre nesta roda

- Observe a cena e descreva-a.
- Que lugar você imagina que seja esse?
- Que histórias poderiam se passar nesse cenário?

Nesta Unidade vamos estudar...

- Lenda de origem africana
- Conto indígena
- Poema

Fabiana Faiallo/Arquivo da editora

4 LENDA DE ORIGEM AFRICANA

Leitura 1

Assim como existem lendas brasileiras, também existem em outras partes do mundo histórias contadas de geração em geração. A lenda que vamos ler a seguir é de origem africana e narra a história de um morcego muito indeciso.

Por que o morcego só voa de noite?

Há muito e muito tempo houve uma tremenda guerra entre as aves e o restante dos animais que povoa as florestas, savanas e montanhas africanas.

Naquela época, o morcego, esse estranho bicho, de corpo semelhante ao do rato, mas provido de poderosas asas, levava uma vida mansa voando de dia entre as enormes e frondosas árvores à cata de insetos e frutas.

Uma tarde, pendurado de cabeça para baixo num galho, ele tirava a soneca costumeira, quando foi despertado bruscamente pelos trinados aflitos de um passarinho:

— Atenção, todas as aves! Foi declarada guerra aos quadrúpedes. Todos aqueles que têm asas e sabem voar devem se unir na luta contra os bichos que andam pelo chão.

O morcego ainda estava se refazendo do susto, quando uma hiena passou correndo e uivando aos quatro ventos:

— Atenção, atenção! Foi declarada guerra às aves! Todos os bichos de quatro patas devem se apresentar ao exército dos animais terrestres.

— E agora? — perguntou a si mesmo o aparvalhado morcego. — Eu não sou uma coisa nem outra.

Indeciso, não sabendo a quem apoiar, resolveu aguardar o resultado da luta:

aparvalhado: desorientado, desnorteado, abobado.
frondosas: espessas; que têm muitas folhas e ramos; copas (de árvore) sombreadas.
provido: munido, abastecido; que possui, que tem (algo).
savana: vegetação típica de regiões com longos períodos de seca e que apresenta gramíneas (grama rala) e arbustos (árvores baixas).
trinados: sons melodiosos produzidos por alguns pássaros.

Ilustra Cartoon/Arquivo da Editora

— Eu é que não sou bobo. Vou me apresentar ao lado que estiver vencendo — decidiu.

Dias depois, escondido entre as folhagens, viu um bando de animais fugindo em carreira **desabalada**, perseguidos por uma multidão de aves que distribuía bicadas **a torto e a direito**. Os donos de asas estavam vencendo a batalha e, por isso, ele voou para se juntar às tropas aladas.

Uma águia gigantesca, ao ver aquele rato com asas, perguntou:

— O que você está fazendo aqui?

— Não está vendo que sou um dos seus? Veja! — disse o morcego abrindo as asas. — Vim o mais rápido que pude para me alistar — mentiu.

— Oh, queira desculpar — falou a desconfiada águia. — Seja bem-vindo à nossa vitoriosa **esquadrilha**.

Na manhã seguinte, os animais terrestres, reforçados por uma manada de elefantes, reiniciaram a luta e derrotaram as aves, espalhando penas pra tudo quanto era lado.

O morcego, na mesma hora, fechou as asas e foi correndo se reunir ao exército vencedor.

— Quem é você? — rosnou um leão.

— Um bicho de quatro patas como Vossa Majestade — respondeu o farsante, exibindo os dentinhos afiados.

— E essas asas? — interrogou um dos elefantes. — Deve ser um espião. Fora daqui! — berrou o **paquiderme** erguendo a poderosa tromba num gesto ameaçador.

O morcego, rejeitado pelos dois lados, não teve outra solução: passou a viver isolado de todo mundo, escondido durante o dia em cavernas e lugares escuros.

É por isso que até hoje ele só voa de noite.

a torto e a direito: em todas as direções.
desabalada: desenfreada, apressada.
esquadrilha: grupo de aviões em missão.
paquiderme: animal mamífero de pele espessa, como elefante, rinoceronte, hipopótamo.

Histórias africanas para contar e recontar, de Rogério Andrade Barbosa (adapt. e org.). São Paulo: Editora do Brasil, 2004.

Por dentro do texto

1 Releia o primeiro parágrafo do texto e responda às questões a seguir.

a) Onde se passa a história? Justifique com uma passagem do texto.

....

b) Em que época essa história aconteceu? Justifique sua resposta.

....

As **lendas** são narrativas da tradição oral que buscam explicar o surgimento de elementos e fenômenos da natureza.

Essas histórias nascem da imaginação do povo e vão sendo contadas e recontadas ao longo do tempo, de geração em geração.

2 O morcego podia se passar por ave e por quadrúpede. Responda:

a) O que é um animal quadrúpede?

b) Que trechos do texto descrevem o morcego como semelhante a um quadrúpede?

c) Que trechos descrevem o morcego como ave?

3 Qual é o problema do personagem principal? Como esse problema modifica a vida do morcego?

....

....

....

....

....

4 Sublinhe o **desfecho** do conto.

5 Numere os fatos na sequência em que eles ocorreram.

☐ O morcego resolveu se juntar às aves.

☐ O morcego levava uma vida mansa.

☐ O morcego tentou se reunir aos quadrúpedes.

☐ O morcego ficou sabendo da guerra entre os animais da floresta.

☐ O morcego passou a viver isolado de todo mundo.

6 **No texto, foram usadas expressões para marcar a passagem do tempo e a sequência dos fatos. Copie no caderno essas expressões.**

7 **O morcego usou uma forma de tratamento mais cerimoniosa para se dirigir a um dos animais.**

a) Qual foi a forma de tratamento usada?

....

b) Para se dirigir a qual animal?

....

c) Por que ele usou essa forma de tratamento?

....

d) O que indica essa forma de tratamento usada pelo personagem?

....

....

8 **Como você viu, as lendas explicam um fato ou elemento da natureza. Que explicação essa lenda nos dá?**

....

Leitura 2

Você sabe como o tambor surgiu? Uma lenda africana conta uma história bem interessante sobre sua origem. Você vai conhecê-la na leitura a seguir.

O tambor africano

Um dia, na mata, um bando de macaquinhos brancos começou a macaquear e inventar brincadeiras.

Um deles teve uma ideia:

— E se fôssemos até a Lua?

Alguns logo se animaram:

— Vamos sim — disse um — podemos brincar lá em cima!

Um outro, no entanto, não concordou:

— Ah, não vamos não, a Lua é bonita, mas lá em cima deve ser muito gelado.

Um terceiro, então, teve a ideia:

— Vamos até lá e trazemos a Lua para morar aqui embaixo conosco.

Pronto, aí todos se puseram de acordo. Mas como chegar à Lua? Subiram numa árvore: não, estava muito longe da Lua. [...]

Um deles, então, teve a grande ideia:

— Vamos subir uns nas costas dos outros, até que um de nós alcance a Lua!

A ideia parecia muito boa e lá foram eles colocá-la em prática. O maior macaco do bando ficou na base e nele subiu o segundo maior macaco do bando. Assim, de macaco em macaco, a coluna foi subindo, subindo, subindo, até que o menor macaquinho de todo o bando conseguiu tocar a Lua.

Mas não achava modo de entrar nela. Os outros foram ficando cansados do esforço, até que por fim, a perna de um deles fraquejou e começaram todos a cair.

Somente aquele macaquinho, o menorzinho de todos, não caiu, permanecendo agarrado na borda da Lua, que, ao perceber o pequeno visitante preso ali, segurou-o pela mão e o ajudou a subir nela. Tão bonitinho o achou, que resolveu dar a ele um presente, algo nunca antes visto por ninguém na Terra: um tambor.

O macaquinho ficou por ali e foi aprendendo a tocar seu pequeno tambor.

Até que se passaram muitos dias e ele sentiu-se só e com saudades de casa. Pediu, então, à Lua, que o deixasse partir.

A Lua, que tinha se acostumado à presença do macaquinho e já gostava de ouvir sua música, não compreendia que ele desejasse voltar para a Terra. Ele então explicou:

— Gosto muito daqui, mas tenho saudades da minha terra, de suas palmeiras, das mangueiras, das acácias, dos coqueiros, das bananeiras...

Contou para a Lua sobre todas essas árvores e sobre seu bando, e ainda sobre os animais todos que viviam na mata com eles.

A Lua finalmente entendeu:

— Está bem, compreendo seus motivos. Tome assento sobre seu tamborzinho e segure-se bem. Amarro você ao tambor com esta corda e vou baixando bem devagar. Mas preste atenção: não toque o tambor até chegar à Terra. Quando você estiver com os pés bem plantados lá, então sim, toque o tambor bem forte, para eu ouvir e cortar a corda.

O macaco concordou e a Lua foi soltando a corda devagarinho, devagarinho.

Mas, chegando ao meio do caminho, ele teve vontade de tocar seu tamborzinho, tão alegre estava por voltar para casa. Tocou muito de leve, para que a Lua não ouvisse. Mas acontece que o vento soprava para cima e levou o som do tambor à Lua.

Lá no alto a Lua pensou:

— Ah, o macaquinho já chegou à Terra!

E cortou a corda.

E o macaquinho começou a cair, cair, sempre amarrado ao seu tambor. Por sorte era muito pequeno e caiu justo nos braços de uma moça que cantava e dançava, feliz da vida, junto à fogueira, ao final de um dia de trabalho.

O macaquinho nem podia acreditar em tanta sorte. Contou à moça que aquela beleza que tinha amarrada a si era um tambor e que com ele sabia fazer música da melhor.

Assim foi como os homens conheceram o tambor e logo, na terra africana, ouviu-se o primeiro batuque de todos os tempos.

Depois, os homens aprenderam a construir tambores também e não houve mais lugar na África onde os batuques não fossem ouvidos. Como acontece até hoje!

O macaquinho, aquele, custou um pouco a encontrar o caminho de casa, mas terminou achando, e claro, levou com ele o tambor que tinha sido presente da Lua.

O tambor africano e outros contos de países africanos de língua portuguesa,
de Susana Ventura (sel. e adapt.). São Paulo: Volta e Meia, 2013.

Por dentro do texto

1 A história se inicia com a expressão "um dia". O que essa expressão revela?

- [ ] Certeza de quando a história ocorre.
- [ ] Incerteza de quando a história ocorre.

2 Quem são os personagens da história?

....

....

3 Qual era o desejo dos macaquinhos?

....

....

4 O que eles fizeram para alcançar a Lua?

....

....

....

....

5 Os macaquinhos enfrentaram um problema ao alcançar a Lua. Que problema foi esse? Quem interferiu nesse problema para ajudá-los?

....

....

....

....

6 Um dos macaquinhos chegou até a Lua. Como ele passou o período em que ficou lá?

7 Por que após algum tempo na Lua o macaquinho quis voltar para a Terra? Como a Lua o ajudou?

8 Que orientações a Lua deu ao macaquinho? Ele as seguiu?

9 Qual foi o desfecho da história?

10 Em sua opinião, por que o título da lenda é **O tambor africano**?

Produção relâmpago

Entrevista: “Se eu fosse o morcego...”

Agora, faça de conta que você é o morcego do texto **Por que o morcego só voa de noite?** e será entrevistado por um repórter. Responda às seguintes perguntas:

1 O que você sentiu quando começou a guerra entre os animais?

....

2 Por que você resolveu viver nas cavernas?

....

....

3 Você se sente diferente dos outros animais? Por quê?

....

....

4 Dizem que vocês, morcegos, gostam de ajudar a natureza. É verdade? O que vocês fazem por ela?

....

....

5 Por que você gosta de viver de cabeça para baixo?

....

....

6 Já que você tem asas, que outra “ave” gostaria de ser?

....

7 Se você não tivesse asas, que outro quadrúpede gostaria de ser?

....

Reconto de lenda

Agora você vai se colocar no lugar do morcego e recontar, por escrito, a lenda **Por que o morcego só voa de noite?**.

Objetivo da produção: recontar a lenda **Por que o morcego só voa de noite?**, do ponto de vista do morcego, para lê-la e organizar um mural em sala de aula.

Público-alvo: colegas da sala.

Planejando suas ideias

Ilustra Cartoon/Arquivo da Editora

1 Faça a narrativa dos fatos na sequência em que eles acontecem no texto original.

2 Não se esqueça de que o morcego é quem vai narrar a própria história. Por exemplo: "**Eu** levava uma vida mansa..."; "**Eu** ainda estava me refazendo do susto...".

3 Use expressões para indicar tempo e verbos no passado.

4 As falas dos personagens devem ser indicadas por dois-pontos e travessão, para que o leitor identifique quem está falando.

5 Separe os acontecimentos em parágrafos diferentes.

6 Evite repetições de palavras e expressões como "E aí", "Aí", "Então", etc.

7 Procure substituir os adjetivos usados na história original por outros de sentido semelhante, ou seja, sinônimos. Por exemplo: "Uma águia **gigantesca**..."; "Uma águia **enorme**...".

Rascunho

Use as linhas a seguir para escrever o seu rascunho.

Revisando suas ideias

1 Retome os pontos do planejamento e verifique se não esqueceu de nenhum detalhe em seu texto. Faça a revisão seguindo o quadro abaixo.

	Sim	Não
A história recontada seguiu a mesma sequência que a original?		
O narrador da história é o morcego?		
Foram usadas expressões para indicar tempo e verbos no passado?		
As falas dos personagens foram introduzidas por dois-pontos e indicadas por travessão?		
O texto deixa claro, para o leitor, por que o morcego só voa à noite?		
A grafia das palavras e a pontuação estão corretas?		

2 Peça ao professor que leia seu texto e o oriente em como melhorá-lo.

Texto final

1 Em uma folha avulsa, reescreva a versão final do seu texto, fazendo as modificações necessárias e seguindo as orientações do professor.

2 Em seguida, você e a turma vão se organizar em duplas e trocar os textos entre si, lendo-os um para o outro. Na sequência, vão comparar os textos e verificar as semelhanças e as diferenças entre eles.

3 Entregue seu texto ao professor, que vai organizar os textos de todos os alunos para compor um mural de recontos na sala de aula.

Ilustra Cartoon/Arquivo da Editora

5 CONTO INDÍGENA

Leitura 1

Você conhece alguma história indígena? Leia, a seguir, um conto escrito por uma criança indígena.

O primeiro macaco que voou

Era de tarde, quase escurecendo no meio da floresta. O macaco viu um passarinho. Ele se sentou no chão e começou a pensar... De repente, foi parar num lugar que não conhecia, muito estranho, mas, de ouvir outros macacos, percebeu que estava em uma grande cidade, em cima de uma torre.

Viu um passarinho voando e pensou que também poderia voar. Seria o primeiro macaco da história a voar. Pensou em dar um pulo de cima daquela torre onde estava, mas sentiu um medo que nem sabia explicar e seu coração começou a bater muito **acelerado**, parecia que ia explodir.

acelerado: rápido, veloz.

Ilustra Cartoon/Arquivo da Editora

Mesmo com todo aquele medo, resolveu arriscar e fazer o que parecia impossível.

Saltou de lá de cima e viu que teria que voar, do contrário iria morrer, porque a torre era muito alta. E o macaco voou mesmo! Apesar de um pouco atrapalhado.

Enquanto voava, surgiu outro problema: não sabia como ia fazer para descer. Pensava nisso enquanto se divertia mais um pouco.

O tempo foi passando e ele foi ficando cansado. Aí resolveu descer de qualquer jeito, mesmo que se machucasse. Parou de voar e se deixou cair no chão.

A dor foi tanta que ele acordou!

Ficou tão feliz porque percebeu que tinha sido apenas um sonho e não tinha se machucado nada. Então, foi procurar alguma coisa para comer, quem sabe banana, sua comida predileta.

Contos dos curumins guaranis,
de Jeguaká Mirim e Tupã Mirin. São Paulo: FTD, 2014.

Quem é?

Reprodução/Acervo particular

Meu nome é **Jeguaká Mirim**. Nasci no dia 18 de março de 2001. Moro na aldeia Krukutu, na cidade de São Paulo, região de Parelheiros. Eu sou do povo guarani. Além de falar nossa língua, também falo português. Comecei a aprender com 6 anos de idade, porque aqui na minha casa tinha televisão e eu ficava assistindo aos desenhos – o que facilitou aprender o português mais rápido. Meu pai, que se chama Olívio Jekupé, é escritor e, muitas vezes, lia pra mim. Quando aprendi a ler, eu mesmo comecei a ler e aí senti vontade de ser escritor. Um dia, com 9 anos de idade, peguei um caderno e uma caneta e comecei a escrever uma história. Depois que terminei, meu pai chegou, leu e perguntou de onde tinha copiado. Falei que eu mesmo tinha inventado. Meu pai pensou que era brincadeira e pediu pra eu escrever outra história. No outro dia escrevi mais uma, e ele leu outra vez e disse que era muito boa. Continuei a escrever – e meu pai ia corrigindo e guardando tudo no seu *notebook*. Sempre que meu pai era chamado para dar palestra, me levava junto. Já fui com ele a várias universidades de São Paulo: PUC, USP, UFSCar e USP Limeira.

Contos dos curumins guaranis, de Jeguaká Mirim e Tupã Mirin.
São Paulo: FTD, 2014.

Por dentro do texto

1 Esse conto foi escrito por um **curumim guarani**. Você sabe o que significa ser um **curumim guarani**?

....

Os **contos indígenas** são narrativas da tradição oral, em que os povos indígenas registram sua cultura, tradição e sabedoria. Muitos contos indígenas narram histórias de bichos. Outros contos narram histórias sobre seres da floresta e elementos da natureza.

2 Releia o primeiro parágrafo do texto e responda no caderno:

a) Onde o macaco estava? O que ele viu? E o que ele fez?

b) O que aconteceu então? Onde ele estava?

3 O que o macaco viu que o fez pensar que também poderia voar?

....

4 Por que o macaco ficou com tanto medo de pular da torre?

....

5 Por que o macaco ficou feliz ao acordar?

....

....

....

6 O título do texto é **O primeiro macaco que voou**.

a) O macaco voou de verdade? Justifique.

....

b) Em sua opinião, por que foi dado esse título ao texto? Converse com os colegas.

Leitura 2

Você já ouviu falar em galo que nada como se fosse um pato? Será possível? Vamos ler mais um conto de Jeguaká Mirim.

O galo nadador

O galo ficou reparando que as crianças, nos dias quentes, sempre saíam à tarde. Um dia, o galo resolveu seguir o caminho que elas faziam e ver o que faziam. Seguindo o caminho, chegou ao rio. Ficou **maravilhado** por ver aquela água toda e as crianças brincando. Ficou olhando e com vontade de dar um mergulho como fazem os patos. Só que o galo tinha medo, porque nunca tinha visto seus parentes nadarem.

Ilustra Cartoon/Arquivo da Editora

Depois de pensar muito, o galo pulou na água. Quase se afogou, mas conseguiu fazer o que tanto queria.

O galo voltou para casa depois de realizar seu desejo, louco de vontade de contar tudo para seus parentes no **terreiro**. Logo que contou para os outros galos e as galinhas, todos riram dele porque não acreditaram no que disse.

— Como pode? Galo não voa nem nada, isso quem faz é o pato — disseram todos, rindo.

O galo estava cansado e aproveitou que estava calor para descansar um pouquinho debaixo de uma bela árvore e aí dormiu até a noite.

maravilhado: admirado, espantado, surpreso.
terreiro: quintal; espaço, geralmente de terra batida, localizado na parte externa de uma casa ou moradia.

Só acordou à meia-noite. Ainda estava muito cansado, porque nadar o deixou cansado. Como era tarde, continuou dormindo. E só acordou no dia seguinte, quando os outros também começaram a acordar.

Contos dos curumins guaranis,
de Jeguaká Mirim e Tupã Mirin. São Paulo: FTD, 2014.

Por dentro do texto

1 O que despertou a curiosidade do galo?

2 O que o galo resolveu fazer para matar sua curiosidade?

3 O que o galo descobriu?

4 Ao ver as crianças brincando no rio, o que o galo teve vontade de fazer?

5 Releia este trecho:

Só que o galo tinha medo, porque nunca tinha visto seus parentes nadarem.

a) Por que o galo ficou com medo?

b) Quem eram os parentes do galo?

6 Quando o galo resolveu pular na água, o que aconteceu com ele?

7 Ao voltar para casa, o galo contou para os outros galos e galinhas o que havia acontecido. Qual foi a reação deles? Por que eles reagiram assim?

8 Como estava cansado, o que o galo resolveu fazer?

....

9 O galo dormiu, acordou à meia-noite e voltou a dormir.

a) Por que ele estava tão cansado?

....

b) Em que momento ele acordou, no dia seguinte?

....

10 Você sabe por que os galos costumam acordar bem cedo?

....

11 Mesmo com medo, o galo não desistiu da ideia de dar um mergulho no rio. Isso significa que o galo era:

☐ medroso. ☐ persistente. ☐ bravo.

12 Os contos são narrativas que se organizam em: **início**, **desenvolvimento** e **fim**. Indique a que parte da narrativa os itens abaixo correspondem.

a) Início **b)** Desenvolvimento **c)** Fim

☐ O galo voltou para casa e contou para os outros galos que havia nadado.

☐ O galo acordou no dia seguinte, quando os outros também acordaram.

☐ O galo reparou que as crianças saíam à tarde nos dias quentes.

☐ O galo ficou com vontade de dar um mergulho.

☐ Depois de pensar muito, o galo pulou na água.

Produção relâmpago → Cena ilustrada

Os contos que lemos neste item narram situações inusitadas. Por exemplo:

- o macaco saltando de uma torre e voando;
- o macaco parando de voar e caindo;
- o galo vendo as crianças brincando no rio;
- o galo tentando nadar;
- o galo contando aos outros que havia nadado no rio.

Escolha o trecho de que mais gostou e copie-o nas linhas abaixo. Em seguida, faça uma ilustração para retratar esse trecho.

Trecho de que mais gostei:

....

....

Ilustração do trecho:

VOCÊ EM AÇÃO

Conto

Você leu dois contos indígenas sobre animais que queriam fazer coisas inusitadas: um macaco que queria voar e um galo que queria nadar!

Agora você vai produzir um conto semelhante a esses. Vai criar a história de um animal que queria fazer uma atividade bem complicada para ele.

> **Objetivo da produção:** produzir um conto semelhante aos contos indígenas estudados, lê-lo em uma roda de leitura e organizar uma coletânea de contos com os colegas.
>
> **Público-alvo:** colegas da turma e da escola, familiares e frequentadores da biblioteca escolar.

Planejando suas ideias

Pense sobre as questões abaixo e anote as respostas no caderno.

- Que animal será o personagem principal do seu conto?
- Que características esse animal terá?
- O que ele vai querer fazer de inusitado?
- Por que ele vai querer fazer isso?
- Que dificuldades ele vai encontrar para fazer o que quer?
- Ele conseguirá fazer o que quer? Por quê?
- O que acontecerá no final?

Rascunho

1 Use suas anotações para fazer o rascunho do conto nas linhas da página seguinte.

2 Inicie sua história contando quem é o personagem principal, como era o lugar onde ele estava e o que ele estava fazendo.

3 Desenvolva a história contando o que aconteceu com o personagem: O que ele viu? O que ele passou a querer?

4 Continue a história narrando como o personagem tentou fazer o que queria: Ele foi para um lugar diferente? Ele usou algum objeto? Pediu ajuda? Alguém mais entrou na história? Quem? Por quê?

5 Termine sua história contando o que aconteceu com o personagem: Ele conseguiu fazer o que queria? Para onde ele foi? Ele ficou alegre? Ou ficou triste?

6 Não se esqueça de criar um título para o conto.

....

(título)

....

....

....

....

....

....

....

....

....

....

....

....

....

....

....

....

Revisão

1 Troque seu texto com o de um colega. Faça a avaliação do conto dele seguindo o quadro abaixo.

	Sim	Não
O conto está de acordo com a proposta?		
O conto tem início, desenvolvimento e fim?		
O texto explica como é o lugar onde a história se passa?		
O personagem principal está bem descrito?		
A grafia das palavras e a pontuação estão corretas?		
Os parágrafos foram marcados com espaço inicial?		
O título é curioso? O final foi interessante?		

2 Troque ideias com o colega sobre o texto dele e ouça o que ele tem a dizer sobre o seu texto. Depois, peça ao professor que leia seu texto e o oriente em como melhorá-lo.

Texto final

1 Em uma folha à parte, escreva a versão final do seu conto, seguindo as orientações do professor. Não se esqueça de assinar seu nome no final.

2 Ilustre o conto de acordo com a história.

3 Para a roda de leitura, façam grupos de cinco colegas. Em seguida, cada aluno vai ler o próprio texto para os demais. Após cada leitura, conversem sobre o que acharam da história.

4 Para a coletânea de contos, reúnam todos os textos da turma. Façam o sumário contendo: título do conto seguido pelo nome do aluno que o escreveu e o número da página correspondente.

5 Confeccionem a capa da coletânea com o nome do professor, o nome da escola, a identificação da turma, o ano e o local de produção.

6 Façam um rodízio entre os colegas para que as famílias de todos possam ler/ver as produções da turma.

7 Depois disso, a coletânea poderá ficar disponível na biblioteca da escola, para que os colegas de outras turmas possam lê-la.

6 POEMA

Leitura 1

Agora que você já leu lendas e contos, vai conhecer um texto que apresenta rimas e estrofes e tem uma sonoridade muito particular. Sabe qual é? O poema! Vamos ler?

Borboleta

Borboleta
borboletando
borboleia letras
para todo mundo vê
as asas da borboleta.

Borboleta
borboletando
pousa de mansinho
no seu ninho
e leva um cheiro
pra você e outro pra mim.

Borboleta
borboletando
na virada do tempo
borboleta voando...

ABC Futebol Clube e outros poemas, de Mário Alex Rosa. Campina Grande: Bagagem, 2006.

Ilustra Cartoon/Arquivo da Editora

Por dentro do texto

1 O texto que você leu é um poema. Qual é o nome do livro em que o poema foi publicado?

....

2 Quem é o autor do poema lido?

....

Cada linha do poema é um **verso**. Os versos podem se agrupar e formar **estrofes**. Os poemas podem apresentar **rima**, que é a repetiçao de sons semelhantes no final das palavras.

3 Marque os sentimentos que você acha que o poema expressa:

- [ ] alegria
- [ ] medo
- [ ] amizade
- [ ] tristeza
- [ ] saudade
- [ ] carinho

- Agora, converse com o professor e os colegas, justificando suas escolhas.

4 Quantas estrofes e quantos versos o poema possui?

....

5 Em sua opinião, o que significa **borboletar**?

6 Identifique as rimas no poema e circule-as.

7 Leia:

Borboleta   Borboletando   Borboleia

- Pinte a parte comum das palavras acima. Em seguida, converse com o professor sobre os efeitos sonoros dessa repetição.

Produção relâmpago

O que semeia, borboleta?

1 Releia esta estrofe do poema:

Borboleta
borboletando
borboleia letras
para todo mundo vê
as asas da borboleta.

2 Agora, imagine que essas letras formaram palavras e que essas palavras levarão mensagens positivas para o mundo. Que palavras poderiam ser essas?

- Escreva uma palavra em cada quadro. Em seguida, para cada palavra, indique outra palavra que rime. Converse com os colegas e o professor, justificando suas escolhas.

Ilustra Cartoon/Arquivo da Editora

Leitura 2

No poema que você vai ler, o poeta brincou com as palavras e fez uma bela homenagem a um pássaro que tem um canto muito bonito. Vamos descobrir qual é?

Bem-te-vi

Bem-te-vi,
te vi, bem.
Te vi bem,
meu bem,
vi e revi.

Te vi
logo ali
no terreiro.
Todo faceiro
num bafafá,
de lá pra aqui,
daqui pra lá.
Te vi,
cheio de si,
meu bem-te-vi.

Bem que te vi
e te ouvi.
E falei e repeti:
— Bem-vindo seja,
por aqui.
Se bem me queres,
se me queres bem,
meu bem-te-vi.

Namorinho de portão, de Elias José.
São Paulo: Moderna, 2007.

Ilustra Cartoon/Arquivo da Editora

Por dentro do texto

1 Quem é o autor do poema?

2 Releia estes versos:

Te vi
logo ali
no terreiro.

a) Quem foi visto no terreiro?

b) Como você imagina esse lugar?

3 Por que você acha que o pássaro chamou a atenção da pessoa que fala no poema?

4 O que estava fazendo o bem-te-vi ao ser visto?

5 Releia estes outros versos:

Te vi,

cheio de si,

meu bem-te-vi.

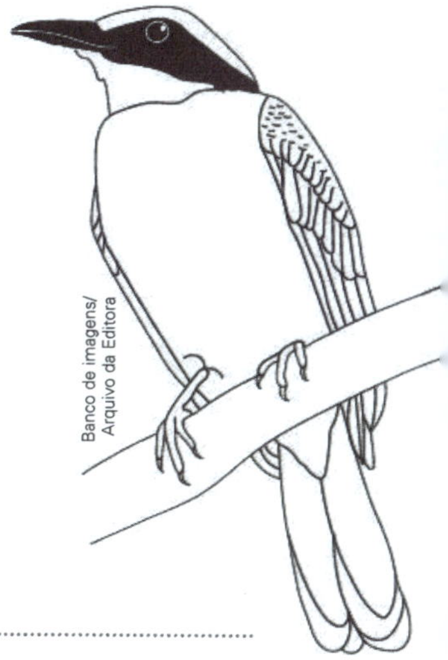
Banco de imagens/ Arquivo da Editora

a) Que som se repete nesses versos?

....

b) Há outras repetições de sons ou de palavras no poema?

....

6 Identifique no poema os versos que indicam que é a primeira vez que o bem-te-vi é visto naquele lugar.

....

....

7 O poema diz que o bem-te-vi estava num "bafafá". O que poderia ser um "bafafá"? Comente com os colegas e o professor.

8 Releia os versos, observando as palavras em destaque.

te vi, **bem**.

Te vi **bem**,

- Qual é o sentido da palavra **bem** em cada verso? Converse com os colegas e o professor e depois registre a resposta.

....

....

....

....

....

VOCÊ EM AÇÃO

Poema

Você leu dois poemas, viu como eles são organizados e como esses textos podem ser sonoros. Agora, é a sua vez de escrever um poema!

Objetivo da produção: criar um poema para ser recitado em uma roda de poesia.

Público-alvo: colegas da sala.

Planejando suas ideias

1 Você e os colegas leram poemas que falavam de animais de uma forma poética. Agora, você vai se reunir com um colega para criar um poema que também fale dos nossos amigos bichos.

2 Em dupla, discutam os seguintes itens:

- Que animais vocês acham bonitos, interessantes, diferentes, curiosos? Selecione algum para compor o poema de sua dupla.
- Como é esse animal? Que características ele tem?
- Assim como a "borboleta borboleia", que palavra pode ser criada e associada ao animal escolhido?
- O que vocês diriam desse animal?
- Em que ambiente ele estaria? Em uma floresta, em um parque, no quintal?
- Que sentimentos vocês gostariam de expressar no poema?

Rascunho

1 Façam o rascunho do poema no caderno. Não se esqueçam de dar um título a ele.

2 Criem o poema como se o animal fosse lê-lo. Para a escrita, siga os passos abaixo:

- Organizem o poema em versos e estrofes.
- Usem palavras que rimam; se necessário, consultem um dicionário.
- Se quiserem, repitam versos, alternadamente.
- Iniciem o poema falando do animal.
- Caracterizem o local onde o animal está.
- Expressem como vocês se sentem ao ver o animal.

Revisão

Retomem os pontos do planejamento e do rascunho e verifiquem se não se esqueceram de nenhum detalhe no poema. Façam a revisão seguindo o quadro abaixo.

	Sim	Não
O poema é sobre um animal?		
As instruções do planejamento e do rascunho foram seguidas?		
Há rimas no poema?		
O poema tem um título?		
A grafia das palavras e a pontuação estão corretas?		

Texto final

1 Em uma folha à parte, escrevam a versão final do texto seguindo as orientações do professor.

2 Em seguida, a turma vai se organizar para realizar uma roda de leitura dos poemas.

3 Durante a leitura, escute com atenção os colegas, respeitando o momento de fala deles.

EXPLORANDO O TEMA...

Preservar o meio ambiente é bom!

O aproveitamento do lixo é uma ação eficiente e importante para preservar o meio ambiente e garantir que tenhamos um futuro melhor. A seguir, conheça uma prática desenvolvida na África do Sul que ajuda a diminuir o lixo plástico do planeta.

Na África do Sul, garrafas de plástico ajudam a pavimentar estrada

Empresa pensou em uma solução criativa para pavimentar estradas e diminuir a quantidade de plástico nos lixões

Até o início de novembro, 40 mil garrafas plásticas de leite já tinham sido usadas para renovar a pavimentação de 400 metros de uma estrada da região de Cliffdale, na África do Sul — distância percorrida em cerca de seis minutos por um adulto caminhando. O projeto, criado em agosto, é da empresa Shisalanga Construction e usa as garrafas como principal material no processo de pavimentação.

O objetivo é diminuir a quantidade de plástico nos aterros sanitários (ou “lixões”). Apesar de o custo para o uso desse material na pavimentação ser parecido com o de outros métodos disponíveis, a expectativa da empresa é de que o revestimento feito com plástico dure mais do que a média vista nas estradas sul-africanas, de cerca de 20 anos.

Bermudas de plástico

Também na África do Sul, a marca de roupas GiLo Lifestyle usa garrafas PET descartadas em praias para criar calções de banho. O plástico é recolhido em diversos países, principalmente China, Índia, Malásia, Paquistão e Tailândia. Cada bermuda é fabricada a partir de 20 garrafas: elas são higienizadas, moldadas e esticadas por máquinas até que possam ser transformadas em fios.

Na África do Sul, garrafas de plástico ajudam a pavimentar estrada. **Jornal Joca**, 18 nov. 2019. Disponível em: <https://www.jornaljoca.com.br/na-africa-do-sul-garrafas-de-plastico-ajudam-a-pavimentar-estrada/>. Acesso em: 28 nov. 2019.

pavimentar: cobrir uma rua ou estrada com materiais que deixem o chão mais regular, facilitando a passagem de pessoas e veículos.

Refletindo sobre o tema

Picsfive/Shutterstock

1 Onde esse texto foi publicado?

....

2 Qual é o objetivo do texto lido?

....

....

....

3 Na sua opinião, por que o assunto do texto é importante?

....

4 Como você acha que a empresa Shisalanga Construction coletou o material para construir a pavimentação da estrada?

....

....

Ampliando e mobilizando ideias

Agora, você e sua turma vão propor práticas para coleta seletiva e direcionar o material coletado a instituições que tratam do lixo. Para isso, sigam algumas orientações:

- Procurem saber se no bairro onde moram há coleta seletiva do lixo.
- Produzam cartazes educativos para a campanha.
- Afixem os cartazes em lugares visíveis. Digitalizem os cartazes para que sejam publicados nas redes sociais e no *site* da escola.
- Providenciem cestos de lixo para a coleta seletiva. Vocês podem fazer pinturas de acordo com as cores das lixeiras para coleta seletiva.
- Planejem um calendário para a coleta e entrega do material no lugar apropriado.

UNIDADE 3

SER CIDADÃO

Entre nesta roda

- O que você vê nesta cena? Descreva-a.
- No bairro ou na cidade onde você mora há espaços de convivência como este?
- Nesta cena predomina a harmonia ou o conflito?

Nesta Unidade vamos estudar...

- Notícia
- Carta de leitor
- História em quadrinhos

Fabiana Faiallo/Arquivo da editora

7 NOTÍCIA

Leitura 1

O que as crianças podem fazer para ajudar a preservar o meio ambiente? Veja, na notícia a seguir, como um grupo de crianças decidiu colaborar para a preservação da natureza.

Crianças vêm à Câmara em defesa da Amazônia

29/08/2019

As queimadas na Amazônia, que tomam conta do noticiário recente, são assunto também nas salas de aula. Por conta disso, cerca de 40 alunos da Escola da Árvore (DF), com idades entre 4 e 11 anos, vieram à Câmara dos Deputados se manifestar. O protesto contra a destruição da floresta e pela proteção ao meio ambiente ocorreu no dia 29 de agosto de 2019, quinta-feira.

"A ideia de vir partiu delas. Durante toda a semana, elas trouxeram o tempo todo essa angústia com o que está acontecendo por lá. Muitas estavam angustiadas e até chorosas", explicou o educador Ramon Almeida, que acompanhava o grupo. O tema foi debatido em sala de aula, com a participação de alguns pais de estudantes especialistas em meio ambiente e povos indígenas.

Segurando um cartaz que dizia "Sim para a floresta, não para as queimadas", Iriê Gustavo de Almeida Firmino, de 10 anos, justificou sua mensagem. "Sem a Amazônia, a gente vai morrer, ela dá oxigênio pra gente respirar", disse.

A deputada Joenia Wapichana (Rede/RR) recebeu o grupo e destacou a importância da iniciativa. "A lei maior do País diz que o meio ambiente, os povos indígenas, a Amazônia, devem ser protegidos. E todos têm esse papel de tomar conta desse patrimônio tão rico, tão importante não somente para o Brasil, mas para o planeta todo, e para as futuras gerações. Por isso é tão significativa a presença das crianças", ressaltou a parlamentar indígena. "A voz da criança é uma voz sagrada. Então é mais do que justo vocês estarem aqui mostrando a cidadania desde criança", arrematou.

Crianças vêm à Câmara em defesa da Amazônia. **Plenarinho,** 29 ago. 2019. Disponível em: <https://plenarinho.leg.br/index.php/2019/08/criancas-vem-camara-em-defesa-da-amazonia/> Acesso em: 31 out. 2019.

Por dentro do texto

1 Qual é o fato principal da notícia?

....

....

....

As **notícias** são textos que relatam fatos e acontecimentos e têm o objetivo de informar as pessoas sobre diversos assuntos relacionados à sociedade. As notícias são escritas por jornalistas e publicadas em jornais impressos ou *on-line*. Os assuntos das notícias são diversificados: educação, política, lazer, meio ambiente, entre outros.

2 A notícia que você leu está relacionada:

- [ ] à segurança.
- [ ] ao meio ambiente.
- [ ] à tecnologia.

3 As notícias procuram apresentar fatos relevantes, ou seja, importantes para a sociedade. Você considera essa notícia importante? Converse com os colegas e o professor.

4 As notícias relatam fatos recentes. No caso do texto lido, quando o fato ocorreu e quando a notícia foi publicada?

....

....

5 No caderno, responda às perguntas a seguir com as informações da notícia.

a) Que fato aconteceu?

b) Quem participou do fato?

c) Quando o fato ocorreu?

d) Onde ocorreu?

e) Como ocorreu?

f) Por que ocorreu?

Leitura 2

Você tem muitos brinquedos? O que você faz com aqueles brinquedos com os quais não brinca mais? Já pensou em doá-los? O que você acha da atitude de doar alguma coisa? Leia a notícia a seguir.

Gêmeos de nove anos pedem doação de brinquedos para crianças carentes

30 de setembro de 2019, 15:30

No último domingo, dia 29, o grupo Arte e Afeto Kids, dos gêmeos que trocam seus desenhos por doações, foi às ruas de Volta Redonda arrecadar brinquedos para doar no Dia das Crianças. Os irmãos Vitor Emanuel e Luiz Paulo dos Santos, de nove anos, estiveram de 9 às 12 horas na Praça Brasil, no entanto apenas cinco pessoas doaram. Segundo a mãe, Lucimara dos Santos, de 41 anos, para que a campanha seja positiva, o grupo precisa de, no mínimo, 50 brinquedos. Ela ainda afirmou que não irá desistir e que no próximo sábado e domingo, dias 5 e 6, a família estará no mesmo lugar e na mesma hora, para receber doações.

Os brinquedos arrecadados serão destinados às crianças carentes dos bairros São Carlos, Eucaliptal, Moinho de Vento e alguns bairros de Barra Mansa que ainda não foram definidos. Como na primeira campanha, os doadores receberão, como forma de agradecimento, um desenho feito à mão pelos gêmeos.

Segundo Lucimara, apesar do movimento ter sido pouco, os artistas Lelis Maia e Kamile Cristine Gomes levaram alguns de seus desenhos para ajudar com a campanha. "Eles doaram os desenhos para podermos trocar pelas doações", expôs, lamentando o baixo envolvimento do público. "Os gêmeos ficaram tristes. Eu senti que eles ficaram bem desmotivados, mas expliquei para eles que é assim mesmo e que temos que continuar tentando. Não podemos desistir assim", afirmou.

A mãe ainda fez um apelo para a população, convidando as pessoas a participarem da campanha do Dia das Crianças. "Isso é para fazer o dia mais feliz para as crianças que precisam, é para levar alegria" ratificou, completando que quem não tiver condições de levar o brinquedo no local de arrecadação, basta entrar em contato [...] que o grupo irá buscar a doação.

Gêmeos de nove anos pedem doação de brinquedos para crianças carentes. **A Voz da Cidade**, 30 set. 2019. Disponível em: <https://avozdacidade.com/wp/gemeos-de-nove-anos-pedem-doacao-de-brinquedos-para-criancas-carentes/>. Acesso em: 16 abr. 2020.

Por dentro do texto

1 Onde a notícia lida foi publicada?

....

2 Qual é o fato noticiado? Onde e quando ele ocorreu?

....

....

3 Em sua opinião, por que essa notícia é relevante?

....

....

4 Qual é o objetivo dos gêmeos Vitor Emanuel e Luiz Paulo dos Santos?

....

5 Os gêmeos fazem parte de um grupo. Qual é o nome desse grupo?

....

6 Quem auxilia os gêmeos na campanha?

....

7 Releia o trecho:

> "Isso é para fazer o dia mais feliz para as crianças que precisam, é para levar alegria"

- Por quem esse trecho foi dito?

....

8 O que você achou da campanha realizada pelos irmãos? Converse com os colegas.

Produção relâmpago – Em busca de fatos

Com a ajuda do professor ou de um familiar, pesquise em jornais impressos ou *on-line* fatos que tenham ocorrido na sociedade e que foram publicados recentemente. Escolha um desses fatos e anote algumas informações sobre ele:

- Qual é o fato noticiado? ....
- O que aconteceu? ....
- Com quem? ....
- Onde? ....
- Como? ....
- Quando? ....
- Por quê? ....

Monkey Business Images/Shutterstock

VOCÊ EM AÇÃO

Notícia

Depois de ler duas notícias e compreender que elas relatam fatos e acontecimentos relevantes para a sociedade, você vai aplicar seus conhecimentos e produzir uma notícia para ser divulgada na comunidade escolar.

Objetivo da produção: produzir uma notícia sobre um acontecimento relacionado à sociedade para compor um mural de notícias.

Público-alvo: comunidade escolar.

Planejando suas ideias

Na seção **Produção relâmpago**, você realizou uma atividade de pesquisa sobre fatos recentes que ocorreram na sociedade. Você escolheu um fato e anotou informações sobre ele. Agora, retome essas anotações. Releia-as e acrescente algumas informações:

- Por que esse fato é importante?

....

....

- Quem se interessaria em ler essa notícia?

....

....

- Das informações que você pesquisou, qual é a mais relevante? Há detalhes que podem ser acrescentados?

....

....

- Que outro título poderia ser dado à notícia?

....

Rascunho

Siga as instruções abaixo para fazer o rascunho de sua notícia.

- Organize as informações e as anotações que você fez no planejamento e na seção **Produção relâmpago**.
- A notícia deverá ter dois parágrafos.
- No primeiro parágrafo, escreva um texto relatando os fatos, de acordo com as informações pesquisadas.
- No segundo parágrafo, selecione as informações mais relevantes e dê mais detalhes sobre elas.
- Sua notícia deve ser objetiva e fácil de entender.
- Dê um título apropriado, dando destaque ao fato noticiado.

Revisando suas ideias

Com o rascunho da notícia pronto, faça a revisão do texto seguindo o quadro abaixo:

	Sim	Não
A notícia apresenta um fato relevante para a sociedade?		
Você seguiu as instruções do **Rascunho**?		
A notícia responde às perguntas o quê; quem; como; onde; quando e por quê?		
Você apresentou detalhes sobre alguma informação dada na notícia?		
O título é atrativo e chama a atenção do leitor?		

Texto final

1 Após a revisão, reescreva a notícia em uma folha à parte fazendo as modificações que forem necessárias.

2 Abaixo do título, escreva a data em que a notícia foi escrita e seu nome.

3 Entregue o texto ao professor. Juntos vocês vão compor um mural com as notícias da turma.

Ilustra cartoon/Arquivo da editora

Tecnologia para...

PRODUZIR UMA *PLAYLIST* DE NOTÍCIAS

Com o auxílio de um telefone celular, faça a leitura de sua notícia, gravando-a. Entregue a gravação ao professor para, juntos, vocês montarem uma *playlist* das notícias da turma.

Selecionem juntos a mídia que vão utilizar para compartilhar a *playlist* das notícias. Vocês podem publicar no blogue ou no *site* da escola.

8 CARTA DE LEITOR

Leitura 1

Você já escreveu algum comentário sobre uma notícia, impressa ou virtual, que tenha lido? Ou já leu comentários de outros leitores?

É comum as pessoas enviarem cartas ou mensagens para jornais e revistas comentando sobre as matérias ou sugerindo assuntos para serem publicados. Leia, a seguir, duas cartas de leitores enviadas para o *site* de uma revista infantil.

Respeito, amizade e bondade

Olá, somos alunos do 4º ano. Gostamos muito da CHC, aprendemos bastante com a revista. Todas as sextas-feiras, temos a hora da CHC. A cada semana exploramos um assunto diferente. Gostaríamos que vocês publicassem ensinamentos sobre valores como respeito, amizade, bondade... Agradecemos, desde já. Um grande abraço.

Alunos do 4º ano C. Escola Lions Clube. Araras/SP.

Olá, turma! Nós que agradecemos a carta e o desenho. Já anotamos a sugestão e achamos o tema muito legal. Abraços!

Ciência Hoje das Crianças. Disponível em: <http://chc.org.br/artigo/fala-aqui-300/>. Acesso em: 11 mar. 2020.

Carlota e mais!

Somos a turma do 3º ano do Ensino Fundamental. Lemos a matéria da revista sobre Carlota Pereira de Queirós, a primeira deputada federal do Brasil, e achamos muito interessante, pois fala sobre a força e resistência da mulher brasileira. Gostamos tanto que gostaríamos de conhecer um pouco mais sobre a revista, sobre o fundo do mar e os peixes. Esperamos que vocês nos respondam. Abraços!

Alunos do 3º ano da Escola Professora Zelita, em Cipó-BA.

Olá, pessoal! Vocês precisam conhecer a CHC digital e o mundo de assuntos interessantes que publicamos lá! Confiram: www.chc.org.br

Ciência Hoje das Crianças. Disponível em: <http://chc.org.br/artigo/fala-aqui-303/>. Acesso em: 11 mar. 2020.

Por dentro do texto

1 Onde as cartas de leitor lidas foram publicadas?

....

2 A quem elas são dirigidas?

....

3 Quem são os remetentes das cartas?

....

....

....

A **carta de leitor** é um texto no qual uma pessoa escreve a um jornal ou a uma revista, impressos ou *on-line*, para comentar ou expressar sua opinião a respeito de um texto publicado nesses veículos de comunicação ou para sugerir temas para publicações futuras. A carta de leitor apresenta, geralmente, em sua estrutura: a saudação, a mensagem (relato, comentário e opinião), a despedida e a assinatura de quem escreve.

4 As cartas de leitor que você leu têm objetivos diferentes. Com qual objetivo cada uma das cartas foi escrita?

....

....

....

5 Na primeira carta, os alunos afirmam que leem a CHC todas as sextas-feiras. E quanto aos alunos da segunda carta? Eles também leem a revista com frequência? Justifique sua resposta.

....

....

....

6 Releia a segunda carta e responda às questões a seguir.

a) A qual publicação da CHC a carta faz referência?

....

....

b) Que informações a respeito dessa publicação são mencionadas na carta?

....

....

c) Por que os leitores consideraram essa publicação importante?

....

....

7 Observe a saudação da revista em resposta aos leitores nas duas cartas:

Olá, turma!

Olá, pessoal!

a) A linguagem utilizada é formal ou informal?

....

b) Na sua opinião, por que foi utilizada essa linguagem?

....

....

Saiba mais

Carlota Pereira de Queirós nasceu em São Paulo em 1892. Foi a primeira mulher a se eleger deputada federal do Brasil, em 1934. Eleita pela cidade de São Paulo, ela, que era educadora, médica e escritora, trabalhava pela educação e melhoria da qualidade de vida dos cidadãos, em especial, das crianças e das mulheres.

Alamy/Fotoarena

Leitura 2

Agora você vai ler o trecho de uma notícia e duas cartas de leitor em resposta ao texto.

Um ano após incêndio, Museu Nacional passa por reconstrução

O incêndio que atingiu o Museu Nacional, no Rio de Janeiro, completou um ano, no dia 2 de setembro. Um curto-circuito em um aparelho de ar-condicionado fez com que o fogo se espalhasse pela estrutura, atingindo parte do acervo. A instituição, que era o maior museu de história natural e antropológica da América Latina, reunia mais de 20 milhões de itens, entre eles, fósseis, múmias, meteoritos e exemplares de insetos de diferentes espécies.

Agora, o museu passa por um processo de reconstrução que inclui:

– Restauração da estrutura.

– Resgate de itens que resistiram ao incêndio.

– Negociações para que instituições de pesquisa doem itens para o acervo.

– Uso de impressora 3D para recriar peças.

[...]

Um ano após incêndio, Museu Nacional passa por reconstrução. **Jornal Joca**. 13 set. 2019. Disponível em: <www.jornaljoca.com.br/um-ano-apos-incendio-museu-nacional-passa-por-reconstrucao/>. Acesso em: 11 mar. 2020.

Olá,

Li a reportagem "Um ano após incêndio, Museu Nacional passa por reconstrução". É uma pena o museu ter queimado. Achei legal saber que estão reconstruindo o prédio. Também não sabia que eles usavam matéria-prima dos incêndios para isso. Gostei muito do texto.

Elisa A.

Olá, senhores gestores,

Li sobre a matéria do Museu Nacional e fiquei realmente muito triste com o que aconteceu. Era um lugar tão rico e com várias pessoas que se interessavam por ele. Por causa do fogo, pouca coisa restou, mas vida que segue. Ele vai ficar no nosso coração.

Camila S.

Jornal Joca. 14 nov. 2019. Disponível em: <www.jornaljoca.com.br/cartas-do-leitor-edicao-137/>.Acesso em: 11 mar. 2020.

Por dentro do texto

1 Sobre qual acontecimento as cartas de leitores tratam?

2 Quais foram as saudações utilizadas pelos leitores para cumprimentar os editores do jornal?

3 O que a leitora da primeira carta achou do texto que foi publicado?

4 As leitoras fizeram comentários a respeito do incêndio que atingiu o museu. O que cada uma delas comentou sobre o acontecimento?

5 Você concorda com a opinião das leitoras a respeito da notícia? Por quê? Converse com os colegas e o professor.

6 Imagine que você também vai enviar uma carta comentando sobre essa notícia e escreva sua mensagem.

Produção relâmpago

Sugerindo uma matéria jornalística

1 Converse com os colegas e o professor a respeito de assuntos importantes que poderiam ser abordados em uma matéria jornalística. Escolha um ou mais assuntos e anote-os no espaço abaixo.

2 Agora, escolha um dos suportes que você conheceu (**Ciência Hoje das Crianças** ou jornal **Joca**) ou outro que preferir. Escreva um pequeno texto sugerindo que seja publicada uma matéria sobre o assunto selecionado por você. Não se esqueça de dizer por que você considera a publicação importante.

VOCÊ EM AÇÃO

Carta de leitor

Você leu algumas cartas de leitor que tinham como principal função comentar textos jornalísticos. Agora será a sua vez de produzir uma carta de leitor.

> **Objetivo da produção:** escrever uma carta de leitor sobre uma das notícias produzidas pela turma e compor um mural.
>
> **Público-alvo:** colegas da sala de aula e alunos da escola.

Planejando suas ideias

1 No item 7, você e os colegas produziram notícias. Agora, o professor vai retomar essas notícias e sortear uma para cada aluno.

2 Releia a notícia sorteada para você e, em seguida, anote:

- Qual é a sua opinião a respeito do fato noticiado?

....

- Que informações você vai dar destaque na carta de leitor?

....

- Você gostaria de fazer alguma sugestão ao autor do texto?

....

Rascunho

1 Com as anotações do planejamento, escreva, no espaço da página seguinte, o rascunho de sua carta de leitor. Você vai produzir um parágrafo.

2 Escreva um comentário sobre a notícia lida, destacando alguma informação dada no texto.

3 Não se esqueça de incluir a saudação, a despedida e a assinatura.

Revisando suas ideias

1 Faça a revisão de sua carta de leitor seguindo o quadro abaixo:

	Sim	Não
Você comentou a notícia e emitiu sua opinião?		
Você destacou algumas informações dadas na notícia?		
Você produziu um parágrafo?		
Você escreveu o nome do destinatário, saudando-o?		
Você fez uma despedida e assinou a sua carta?		

2 Se for necessário, peça também ao professor que leia seu texto e lhe dê orientações para melhorá-lo.

Texto final

1 Em uma folha à parte, reescreva o texto fazendo as modificações necessárias. Entregue-o, com a notícia, ao professor.

2 Juntos, vocês vão produzir um mural com as notícias e as cartas de leitor.

9 HISTÓRIA EM QUADRINHOS

Leitura 1

Quais são suas habilidades? Conhece pessoas que têm habilidades para dançar, desenhar, cantar, fazer amigos? Na HQ que você vai ler a seguir, a personagem Dorinha tem uma habilidade muito especial.

MAURICIO
QUE FOI? QUE SILÊNCIO É ESSE?
ER... A GENTE TAVA FALANDO DE UM GAROTO QUE PASSOU AQUI!
EU SEI! OUVI ALGUÉM PASSAR COR-RENDO!
EU DESCREVO ELE PRA VOCÊ... TINHA OLHOS AZUIS E CABELOS ENCARACOLA-DOS!
DE QUE COR?
HEIN? O QUÊ?
DE QUE COR ERAM OS CABELOS DELE?
SABE QUE NÃO REPAREI? PASSOU TÃO DEPRESSA!
EU REPAREI! ERAM CASTANHOS!
LINDOS CABELOS CASTANHOS ENCARACOLADOS! AH, E CARRE-GAVA UM PACOTE DE TRUFAS NA MÃO!
COMO SABE O QUE TINHA NO PACOTE?

É QUE ERA DA CONFEITARIA CARAMELO, E ELES SÓ USAM AQUELE TIPO DE EMBALAGEM PRA EMBRULHAR TRUFAS!
O QUE MAIS?
FOI O QUE DEU PRA REPARAR!
SÓ?
POIS EU REPAREI QUE ELE ERA BEM BRANQUELO E TINHA UMA PULSEIRINHA NO PULSO DIREITO!
VOCÊS SÓ REPARARAM ISSO NO MENINO?
ELE PASSOU CORRENDO!!
POIS EU REPAREI QUE ELE TINHA ACABADO DE SAIR DA AULA DE NATAÇÃO!
MAURICIO
COMO PODE SABER ISSO?
PELO CHEIRO DE CLORO QUE ELE EXALAVA!
E ELE ESTAVA USANDO UM CONJUNTO DE MICROFIBRA AMARELO!
© Mauricio de Sousa/Mauricio de Sousa Editora Ltda.

Mônica: Amigos Especiais, de Mauricio de Sousa.
Mauricio de Sousa Editora/Panini Comics, n. 20. Almanaque temático..

Por dentro do texto

1 Releia o título:

Dorinha em: Eu reparei que você não reparou!

- Em sua opinião, por que foi dado esse título à história?

....

....

....

2 Quais são as personagens que conversam na história?

....

3 Onde essas personagens estão?

....

4 Em que momento do dia se passa a história? Como foi possível identificar isso?

....

....

5 Releia estes balões:

- Agora, numere os quadrinhos de acordo com os balões.

☐ Representa o som de sugar.

☐ Expressa uma pergunta.

☐ Expressa surpresa, espanto.

☐ Expressa uma fala sentimental, carinhosa.

6 Observe este detalhe do segundo quadrinho:

© Mauricio de Sousa/Mauricio de Sousa Editora Ltda.

• No caderno, explique o que representam os seguintes recursos gráficos:

a) 

b) 

© Mauricio de Sousa/Mauricio de Sousa Editora Ltda.

As **histórias em quadrinhos** são textos que narram uma sequência de ações, organizados em quadros. Utilizam linguagem verbal (palavras) e linguagem não verbal (imagens e desenhos). As ações são representadas por meio de desenhos e as falas e os pensamentos dos personagens são indicados dentro de balões. Algumas características importantes dos quadrinhos são: utilização de linhas curvas e retas para indicar movimento (correr, acenar, saltar); onomatopeias (representação dos sons na escrita: *toc toc*; *glup*; *ic, ic*).

7 As histórias em quadrinhos são textos narrativos. Elas têm início, desenvolvimento e desfecho. Relacione essas partes com as descrições das cenas abaixo.

1. Início **2.** Desenvolvimento **3.** Desfecho

☐ As meninas começam a conversar sobre o menino, tentando explicar para Dorinha como ele era.

☐ Aninha, Magali e Mônica se surpreendem, pois Dorinha conseguiu reparar em mais detalhes do que elas.

☐ As personagens estão em uma sorveteria quando um menino passa por elas.

8 Releia este quadrinho:

- A fala de Dorinha indica que:

  ☐ ela gostou das descrições feitas pelas amigas.

  ☐ ela achou as descrições pouco detalhadas.

  ☐ ela não se importou com as descrições feitas pelas amigas.

9 Releia o quadrinho final da história:

- O que a Mônica quis dizer com a fala "não é preciso olhar para ver"? Converse com os colegas e o professor. Depois, registre suas conclusões nas linhas abaixo.

....

....

....

Leitura 2

Você acha importante que as pessoas vivam em harmonia? O que acontece quando as pessoas não conseguem viver em harmonia? Leia na HQ a seguir uma lição sobre esse assunto.

Disponível em: <http://turmadamonica.uol.com.br/quadrinhos/>. Acesso em: 5 nov. 2019.

Por dentro do texto

1 Na história em quadrinhos que você leu, os personagens que dialogam são Horácio e Alfredo. De acordo com o primeiro quadrinho, de onde parece que eles estão voltando?

....

2 Com o que Alfredo está contrariado?

....

....

3 Que justificativas Alfredo usa para dizer que o profetossauro está errado?

....

....

....

....

4 Horácio ouve atentamente o amigo que acredita que nada pode ameaçar os dinossauros. Ele está de acordo com Alfredo? Por quê?

....

....

....

5 No desfecho da história há uma cena que chama a atenção dos personagens. Que cena é essa?

....

6 Em sua opinião, Alfredo mudará de ideia depois de ver os dinossauros brigando? Por quê?

Produção relâmpago → Lendo pensamentos

1 Releia a HQ de Horácio e observe com atenção o 7º quadrinho. No que cada personagem parece estar pensando? Reflita sobre as questões abaixo e responda-as.

- O que Horácio está observando? E Alfredo?

....

....

....

- Será que eles estão pensando em algo? O que poderia ser?

....

....

....

2 Após refletir sobre essas questões, crie pensamentos para os personagens.

VOCÊ EM AÇÃO

História em quadrinhos

Você leu duas histórias em quadrinhos. Agora é sua vez de criar personagens e produzir a sua HQ.

Objetivo da produção: criar uma HQ e organizar um "Gibi da turma" para lançar na escola.

Público-alvo: colegas da turma e da escola, familiares e amigos.

Planejando suas ideias

1 Faça um roteiro da sua HQ. Imagine quem serão os personagens e como será a história (início, desenvolvimento e desfecho).

2 Preencha o quadro abaixo para ajudá-lo no roteiro:

Partes	Quantos quadrinhos?	O que acontece?
Início		
Desenvolvimento		
Desfecho		

3 No caderno, faça um esboço dos diálogos entre os personagens. Escreva os diálogos dentro de balões de fala. Faça os balões antes de desenhar as imagens.

4 Agora, só falta desenhar os quadrinhos. Lembre-se: você não precisa ser um desenhista para fazer uma HQ.

Rascunho

1. Em uma folha à parte, faça o rascunho da sua HQ. Desenhe os quadros e esboce as cenas em cada um.
2. Faça os balões e escreva as falas e/ou os pensamentos.
3. Dê um título que chame a atenção do leitor.
4. Ao desenhar os personagens, capriche na expressão facial deles.

Revisando suas ideias

1. Troque sua HQ com a de um colega e avalie o texto dele seguindo o quadro abaixo:

	Sim	Não
A história tem início, desenvolvimento e desfecho?		
A HQ está organizada em quadros?		
As falas e os pensamentos estão em balões?		
Foram usados elementos verbais e não verbais?		
A grafia das palavras e a pontuação estão corretas?		

2. Depois, troque ideias com o colega e apresente sugestões para melhorar a história dele. Peça também ao professor que leia sua HQ e o oriente a respeito das correções.

Texto final

1. Use a folha do **Material de apoio** para fazer a versão final de sua HQ. Divida o quadro em quantos quadrinhos forem necessários. Use cores fortes e bonitas! Não se esqueça do título.
2. Entregue a folha ao professor, que vai organizar todas as HQs em ordem alfabética (por título) e numerar as páginas para compor o "Gibi da turma". **Gibi** é uma revista (uma coletânea) que reúne várias histórias em quadrinhos.
3. Reúnam-se em dois grupos e sigam as orientações do professor para fazer o sumário e a capa do gibi.
4. Organizem com o professor um dia, horário e local para fazer o lançamento do "Gibi da turma".

UNIDADE 4

UM POUCO DE CULTURA POPULAR

Entre nesta roda

- Que cena está sendo representada na ilustração?
- Você já participou de alguma festa parecida com a da cena? Você já viu um chapéu como o que o rapaz está usando?
- Se a ilustração acompanhasse uma história, como você acha que ela seria?

Nesta Unidade vamos estudar...

- Fábula
- Cordel
- Reportagem

10 FÁBULA

Leitura 1

Leia esta fábula sobre um fazendeiro que queria agradar a todos.

O fazendeiro, seu filho e o burro

Um fazendeiro e seu filho viajavam para o mercado, levando consigo um burro. Na estrada, encontraram umas moças, que riram e zombaram deles:

— Já viram que bobos? Andando a pé, quando deviam montar no burro?

O fazendeiro, então, ordenou ao filho:

— Monte no burro, pois não devemos parecer ridículos.

O filho assim o fez.

Daí a pouco, passaram por uma aldeia. À porta de uma estalagem estavam uns velhos que comentaram:

— Ali vai um exemplo da geração moderna: o rapaz, muito bem refestelado no animal, enquanto o velho pai caminha, com suas pernas fatigadas.

— Talvez eles tenham razão, meu filho, disse o pai. Ficaria melhor se eu montasse e você fosse a pé.

Trocaram então as posições.

Alguns quilômetros adiante, encontraram camponesas passeando, as quais disseram:

— A crueldade de alguns pais para com os filhos é tremenda! Aquele preguiçoso, muito bem instalado no burro, enquanto o pobre filho gasta as pernas.

— Suba na garupa, meu filho. Não quero parecer cruel, pediu o pai.

Assim, ambos montados no burro, entraram no mercado da cidade.

— Oh!! Gritaram outros fazendeiros que se encontravam lá. Pobre burro, maltratado, carregando uma dupla carga! Não se trata um animal desta maneira. Os dois precisavam ser presos. Deviam carregar o burro às costas, em vez de este carregá-los.

O fazendeiro e o filho saltaram do animal e carregaram-no. Quando atravessavam uma ponte, o burro, que não estava se sentindo confortável, começou a escoicear com tanta energia que os dois caíram na água.

(Quem a todos quer ouvir, por ninguém é ouvido)

Disponível em: <http://www.botucatu.sp.gov.br/Eventos/2007/contHistorias/bauhistorias/coletanea%20de%20fabulas.pdf>. Acesso em: 9 nov. 2019.

Por dentro do texto

1 É possível saber quando a história aconteceu?

....

2 Quem são os personagens principais?

....

A **fábula** é uma história curta que apresenta um ensinamento, que geralmente vem resumido em uma frase e também é conhecido como "moral da história". Nas fábulas, é comum que animais sejam personagens que se comportam como seres humanos. As fábulas tratam de valores e virtudes.

3 Durante a viagem, os personagens passaram diversas situações. Numere-as na ordem em que ocorreram.

- [ ] Encontraram camponesas que criticaram o pai, dizendo que ele era preguiçoso por estar montado no burro e seu filho a pé.
- [ ] Encontraram fazendeiros que criticaram o fato de pai e filho estarem maltratando o animal.
- [ ] Encontraram com uns velhos que criticaram o fato de o filho estar montado no burro enquanto seu pai caminhava a pé.
- [ ] Encontraram moças que zombaram deles por estarem andando a pé, quando deviam montar no burro.

4 Você concorda com a moral da fábula? Converse com os colegas e o professor.

5 Releia a fábula e escreva com suas palavras o ensinamento que a história apresenta, ou seja, sua **moral**.

....

....

Leitura 2

Você já quis ajudar alguém e não conseguiu? Alguém já tentou ajudá-lo e acabou atrapalhando? Como você reagiu?

Leia esta fábula sobre uma mosquinha que só queria ajudar.

A mosca trabalhadeira

Certa vez, uma mosquinha, bem pequena e decidida,
procurando novidades, resolveu mudar de vida.

"Chega de viver voando feito boba lá e cá.
Acho que chegou a hora de algo grande realizar!"

Bem ao longe, velozmente, a mosquinha já notava,
vinha vindo um automóvel pela estrada onde ela estava.

A estação era de chuva e de terra aquela estrada,
e o automóvel derrapava pela encosta enlameada
O chofer era perito e brecar ele tentou,
mas a lama era tamanha, que o automóvel atolou!

Vendo aquilo a tal mosquinha deu um pulo de verdade:
"Se eu queria algo bem grande, esta é a oportunidade!"

O chofer saiu do carro para ver o que fazer:
"Se eu forçar as engrenagens, o motor irá morrer.
Mesmo assim vou empurrar", o tal homem resolveu.
Empurrou com toda a força, mas o carro nem mexeu.

A mosquinha foi zunindo para a chance aproveitar
e pousou no motorista, toda aflita pra ajudar.

O sujeito fez um gesto pra espantar a tal mosquinha,
justo quando quatro homens vinham dar uma mãozinha.

Todos cinco se esfalfaram, empurrando o tal carro,
mas ele nem se mexia, bem atolado no barro.

A mosquinha, atarefada, a voar por todo lado,
nem ouviu quando um dos homens reclamou, bem chateado:

Ilustra Cartoon/Arquivo da editora

"Que trabalho mais ingrato! E essa mosca, infeliz,
a zumbir, pousando em tudo, na orelha e no nariz!
Vou correndo pra buscar, logo ali, minha carroça.
Ela é forte, pois a uso, nos trabalhos lá na roça."

O sujeito foi depressa e voltou logo depois,
conduzindo uma carroça atrelada a um par de bois.

Já cansados, todos eles, com os pés dentro do barro,
ajeitaram a carroça atrelando-a no carro.

Incansável, bem-disposta, nesse instante a tal mosquinha
foi zunir por sobre os bois, foi pousar na carrocinha.

A mosquinha não parava de pousar em todos cinco.
A zunir em seus ouvidos, trabalhava com afinco.

"Força, bois!", gritavam eles, empurrando pelo lado,
pra arrastar dali pra fora o automóvel atolado.

Bem no meio do trabalho, a mosquinha, sem parar,
rodeava a confusão e ficava a perturbar.

Com a força dos dois bois, o automóvel veio vindo.
Num instante estava livre, do atoleiro foi saindo.

"Ufa, ufa, que trabalho!", disse a mosca para si.
"Foi difícil, mas é certo, que afinal eu consegui!"

E voou toda contente para cima de um carvalho,
certa de que foi seu esforço que fez todo esse trabalho!

Fábulas palpitadas: recontadas em versos e comentadas, de Pedro Bandeira. São Paulo: Moderna, 2011.

Quem é ?

Sérgio Castro/Agência Estado

Pedro Bandeira nasceu em Santos, no estado de São Paulo, no dia 9 de março de 1942. É autor de dezenas de livros para crianças e jovens. Recebeu diversos prêmios, entre eles, o prêmio Jabuti, em 1986, e a Medalha de Honra ao Mérito Braz Cubas, em 2012. Antes de se dedicar à literatura, foi ator, diretor e cenógrafo. Entre seus livros estão **O fantástico mistério de Feiurinha**, **Alice no país da mentira**, **Mais respeito, eu sou criança!** e **A hora do desconto**.

Por dentro do texto

1 Releia o título do texto. A mosca era mesmo trabalhadeira? Converse com os colegas e o professor.

2 Qual é a expressão utilizada pelo narrador para começar a história? O que essa expressão indica?

....

....

....

3 A fábula **A mosca trabalhadeira** é escrita em versos. Sublinhe no texto as palavras que rimam.

4 Nos primeiros versos, o autor diz que a mosquinha resolveu mudar de vida. Por que ela tomou essa decisão?

....

....

....

....

5 Qual foi a primeira oportunidade que a mosquinha teve para realizar algo grande?

....

....

6 Como ela agiu nessa situação?

....

....

7 A tentativa de ajuda da mosquinha foi reconhecida? Por quê?

8 As fábulas costumam ter uma moral da história. Qual seria a moral dessa história?

9 Que palavras ou expressões são usadas para mostrar a boa intenção da mosquinha?

10 Se você pudesse falar com a mosquinha, o que lhe diria? Contaria que ela fracassou no seu intento? Daria sugestões para que ela pudesse ajudar de outras formas?

11 Qual é a função das aspas no texto?

12 Você também tem vontade de realizar algo grande, como a mosquinha da fábula? O que seria? Converse com os colegas e o professor.

Produção relâmpago → Pesquisando fábulas

1 Em companhia do professor, você e os colegas irão à biblioteca para uma pesquisa.

2 Selecione livros que contenham fábulas. Escolha uma fábula de que goste e complete as informações solicitadas abaixo.

Título da fábula: ....

....

Nome do livro onde a fábula foi publicada: ....

....

Nome do autor do livro: ....

Resumo da fábula: ....

....

....

....

....

....

Personagens principais: ....

....

....

Moral da história: ....

....

....

VOCÊ EM AÇÃO

Reconto de fábula

Agora, com a orientação do professor, você vai se reunir com um colega para recontar uma fábula em versos.

> **Objetivo da produção:** recontar uma fábula em versos, fazer uma roda de leitura e compor um livrinho de fábulas da turma.
>
> **Público-alvo:** colegas da classe e leitores da biblioteca.

Planejando suas ideias

1 Assim como Pedro Bandeira contou a fábula da mosca trabalhadeira em versos, você e um colega vão produzir um reconto de fábulas em versos.

2 Juntos, retomem as fábulas que cada um selecionou na seção **Produção relâmpago** e escolham uma para fazer o reconto. Leiam juntos a fábula selecionada, anotando:

- Nome dos personagens: ....

....

....

- Ações desenvolvidas na fábula pelos personagens: ....

....

....

....

- Moral da história: ....

....

....

Rascunho

Escrevam o rascunho do reconto da fábula no espaço abaixo.

- Deem um título novo para ela, com o nome dos personagens.
- Escrevam o texto em versos , cuidando para que haja rimas, como no texto de Pedro Bandeira.
- Cuidem para que as ações principais sejam mantidas na história, mesmo que contadas de uma forma diferente.
- A "moral da história" deve ser a mesma.

Revisando suas ideias

Troquem a fábula com a de outra dupla. Uma deve avaliar o texto da outra, seguindo o quadro abaixo:

	Sim	Não
A fábula foi escrita em versos e há rimas?		
A fábula tem um título novo?		
A moral da fábula continua a mesma?		
A grafia das palavras e a pontuação estão corretas?		

Texto final

1 Após a leitura dos colegas, façam as alterações necessárias e tirem suas dúvidas com o professor para melhorar o texto. No **Material de apoio**, escrevam a versão final e façam uma ilustração.

2 Entreguem a fábula ao professor, que primeiro vai organizar a leitura dos textos em uma roda de leitura, para que toda a turma possa ouvir e opinar.

3 Depois, vocês vão montar um livrinho de fábulas da turma, com todos os textos reunidos.

4 Organizem-se para fazer a capa e o sumário. Combinem também como será feita a divulgação: entre amigos, parentes; na escola, na biblioteca, etc.

Ilustra Cartoon/Arquivo da editora

11 CORDEL

Leitura 1

Você já ouviu falar em cordel? Sabe em que regiões do Brasil esses textos são mais comuns? Leia a seguir os versos de um cordel baseado em ditados populares, ou provérbios.

Ditados populares

Quem vive a vida esperando
Deitado em cima da cama
Nunca levanta uma palha
Nem o seu leite reclama
Este morrerá de fome
Pois "Quem não chora não mama"

"Dois bicudos não se beijam"
Diz o dito popular
Como podem querer beijos
Se não tem como beijar
Bico com bico é difícil
Difícil de se encaixar.
[...]

Ilustra Cartoon/Arquivo da Editora

Devemos ser vigilantes
E nos manter sempre ativo
"Quem espera sempre alcança"
Por este mesmo motivo
"Seguro morreu de velho
Desconfiado tá vivo"

"Antes tarde do que nunca"
Se a gente quer conseguir
Tem sempre que acreditar
Naquilo que está por vir
E o que se quer chegará
E a espera irá sumir

[...]

Ilustra Cartoon/Arquivo da Editora

Ditados populares, de Abdias Campos.
Recife: Folhetaria Campos de Versos, 2007.

Quem é?

Reprodução/Acervo de Abdias Campos

Abdias Campos nasceu em Amparo, na Paraíba. É poeta, cordelista, violeiro, compositor, declamador e palestrante de cultura popular. Estudou Administração de Empresas na Universidade de Pernambuco (UPE). Tem vários CDs gravados de música regional nordestina e literatura de cordel. Entre eles se destaca o CD-áudio-livro infantil intitulado **Meu cordelzinho de histórias**.

Por dentro do texto

1 O texto faz uma brincadeira com ditados populares. Releia este verso:

"Quem espera sempre alcança"

a) Qual é o sentido desse ditado popular?

....

....

b) Releia a primeira estrofe do cordel. Ela está de acordo com esse dito popular? Explique.

....

....

....

c) Que outro provérbio é citado nessa estrofe? Você sabe o significado dele?

....

....

A **literatura de cordel** é muito popular na região Nordeste do Brasil. Os poemas de cordel são produzidos em versos e estrofes, com o uso de rimas. São publicados em folhetos simples e ilustrados com xilogravuras. Esses folhetos são expostos para venda nas feiras, pendurados em cordas ou barbantes, por isso são conhecidos como **cordel**.

A **xilogravura** é uma técnica de impressão muito utilizada nessas publicações. Nela, aplica-se a tinta sobre uma figura entalhada em madeira e pressiona-se o papel sobre essa matriz.

Ismar Ingber/Pulsar Imagens

Marco Antonio SÁ/Pulsar Imagens

2 Como as rimas são organizadas nesse cordel? Sublinhe as palavras que rimam em cada estrofe.

3 Releia esta estrofe:

Devemos ser vigilantes
E nos manter sempre ativo
"Quem espera sempre alcança"
Por este mesmo motivo
"Seguro morreu de velho
Desconfiado tá vivo"

- No segundo verso, a palavra **ativo** não concorda com o pronome **nos**. Por que o cordelista fez essa escolha?

....

4 Dê o significado dos versos:

a) "Nunca levanta uma palha".

....

b) "Nem o seu leite reclama".

....

5 Releia este ditado popular. Qual é o sentido dele?

"Dois bicudos não se beijam"

....

....

- Os versos seguintes confirmam esse ditado? Justifique com um verso.

....

....

Leitura 2

Leia mais um cordel, agora sobre o antigo e o moderno.

Peleja da carta com o e-mail

[...]

Era uma carta e um e-mail
em discussão calorosa
dizia o e-mail à carta:
“Não te faças de gostosa
sou rápido como o relâmpago
tu és lenta e preguiçosa!”.

A carta disse: “És relâmpago
és ligeiro na passada
mesmo assim tua tarefa
sem paixão não vale nada
és moleque de recado
numa ação robotizada”.

E disse mais: “Coleguinha
a tua labuta é fria
no tal correio eletrônico
não existe poesia
bom mesmo é quando o carteiro
com um grito me anuncia!”.

O e-mail disse: “Amiga
por caridade, essa não!
a demora estraga tudo
desagrada ao coração
mesmo quem se comunica
tá com pressa e precisão!”.

Ilustra Cartoon/Arquivo da Editora

Retruca a carta: "Acredito
que de mim gosta o poeta
inda mais a Internet
de vírus vive repleta
e por fim quem é em meio
não faz a coisa completa.

E outra coisa, colega
tu não és de confiança:
por causa de falha técnica
na Internet, cê dança
já me pondo no Correio
eu chego com segurança".

Nisso o e-mail responde:
"Alto lá! Pegue maneiro!
você diz ser bem segura
isso não é verdadeiro
pois hoje nos grandes centros
existe assalto a carteiro!".
[...]

Ilustra Cartoon/Arquivo da Editora

Peleja da carta com o e-mail, de Janduhi Dantas. **Caros Amigos**. São Paulo: Casa Amarela, ano X, n. 115, p. 45, out. 2006.

Quem é

Reprodução/Acervo particular

Janduhi Dantas Nóbrega nasceu em 1964, em Patos, no estado da Paraíba. É agente cultural, autor de teatro popular, poeta, cordelista e declamador. É também professor de Língua Portuguesa e autor dos livros **Lições de gramática em versos de cordel** e **Gramática no cordel**, entre outras obras.

Por dentro do texto

1 Antes de responder às questões, leia o boxe a seguir:

Peleja, ou **desafio**, é um texto em versos, oral ou escrito, que imita uma disputa entre dois poetas populares: os desafiantes. O desafio é muito comum nos folhetos de cordel vendidos nas feiras do Nordeste brasileiro. É feito por meio de provocações ou ironias. Geralmente, nas pelejas, pelo menos um dos "desafiantes" se faz acompanhar por uma viola, violão ou pandeiro, para marcar o ritmo do "desafio", ou seja, das falas cantadas de cada um deles.

a) Quem são os dois personagens desafiantes?

....

b) Qual é o objetivo de cada um deles?

....

2 Escreva nos quadrinhos a letra **C** ou **E** de acordo com as indicações abaixo.

C: argumentos da carta para se mostrar superior ao *e-mail*

E: argumentos do *e-mail* para comprovar sua superioridade

☐ Ter rapidez. ☐ Ter a amizade do poeta.

☐ Ter paixão. ☐ Ter precisão.

3 Que argumentos a carta usa para criticar o *e-mail*?

....

....

....

4 Que argumentos o *e-mail* usa para criticar a carta?

....

....

....

5 Em sua opinião, qual dos desafiantes apresenta argumentos mais convincentes? Explique.

....

....

....

6 Como é indicado o personagem que vai falar? E como a fala do personagem é marcada? Dê um exemplo.

....

....

....

....

7 Numere a segunda coluna de acordo com a primeira. Na peleja foram usados os recursos da:

1	Personificação.	☐	"na Internet, cê dança"
2	Comparação.	☐	"sou rápido como o relâmpago"
3	Ironia com uso de trocadilhos.	☐	"e por fim quem é em meio / não faz a coisa completa."
4	Linguagem coloquial e gíria.	☐	"Retruca a carta: 'Acredito / que de mim gosta o poeta'"

8 O uso de rimas é muito importante na construção do cordel. Identifique nas estrofes as palavras que rimam com:

calorosa **passada** **não**
poeta **confiança** **maneiro**

Produção relâmpago → Ilustração de ditado popular

Escolha dois objetos, um antigo e outro moderno, que tenham funções semelhantes, como a carta e o *e-mail*. Por exemplo, telefone fixo e celular, jornal impresso e *site* de notícias, etc. Anote o nome dos objetos e, em seguida, busque imagens desses itens para fazer uma colagem no espaço abaixo.

VOCÊ EM AÇÃO

Cordel

Vocês vão se reunir em duplas, conforme a orientação do professor, para produzir um cordel. O tema será "Peleja entre o antigo e o moderno".

O cordel deverá ter versos rimados e ser em forma de desafio (ou peleja).

> **Objetivo da produção:** produzir um cordel para criar um folheto, participar de um sarau ou compor uma antologia de cordéis.
>
> **Público-alvo:** alunos e professores da escola e familiares.

Planejando suas ideias

Na seção **Produção relâmpago** você pesquisou e selecionou dois objetos — um antigo e um moderno. Agora, vocês vão imaginar como seria uma conversa entre eles, assim como acontece entre a carta e o *e-mail*. Para isso, sigam as orientações:

- Selecionem argumentos bem-humorados, ou irônicos, para provar que um é melhor do que o outro. Sigam a estrutura da **Peleja da carta com o *e-mail***.
- Vocês podem usar travessões ou aspas para marcar as falas dos personagens.
- Usem verbos "de dizer"para indicar quem fala. Por exemplo: **falou**, **disse**, **criticou**, **perguntou**, **respondeu**, **reclamou**, **retrucou**, etc.
- Vocês também podem usar linguagem coloquial e gírias, fazer jogos de palavras e comparações, etc.
- O texto deve ser construído com versos e estrofes. E não se esqueçam das rimas.

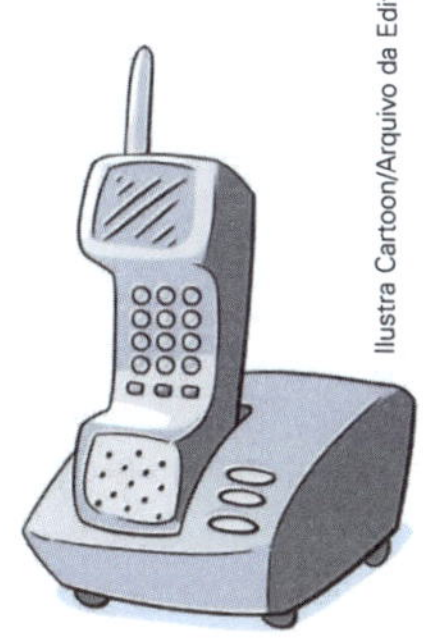

Ilustra Cartoon/Arquivo da Editora

Rascunho

Escrevam, no espaço a seguir, o rascunho do cordel. Não se esqueçam de dar um título a ele.

Revisando suas ideias

Troquem o texto com o de outra dupla e avaliem-no seguindo o quadro abaixo.

	Sim	Não
O texto está organizado em versos e estrofes?		
Há rimas?		
O texto apresenta características de uma peleja/um desafio?		
Os argumentos usados são convincentes e bem-humorados?		
Os personagens/objetos agem e falam como seres humanos?		
O título do cordel está adequado?		
A grafia das palavras e a pontuação estão corretas?		

Texto final

1 No **Material de apoio**, reescrevam a versão final do cordel, seguindo as observações dos colegas e as orientações do professor.

2 Ilustrem o texto com desenhos feitos por vocês. Se conseguirem, tentem imitar uma xilogravura.

3 Para divulgar ou socializar o trabalho, vocês podem:

- produzir um folheto, para expor em um varal na sala de aula ou em outro local da escola;
- fazer um sarau/recital com as pelejas que criaram;
- organizar uma antologia de cordéis, ou seja, reunir os cordéis da turma em um livreto para apresentar aos pais, parentes e amigos.

Ilustra Cartoon/Arquivo da Editora

12 REPORTAGEM

Leitura 1

Você já foi a uma brinquedoteca? Já frequentou uma gibiteca? E uma cordelteca? Leia a reportagem a seguir e conheça Pedro, o menino que criou uma cordelteca.

https://www1.folha.uol.com.br/cotidiano/2019/08/menino-de-13-anos-cria-cordelteca-no-interior-de-sp.shtml

Menino de 13 anos cria cordelteca no interior de SP

Com a ajuda de autores, garoto reuniu cerca de 2.000 cordéis no quintal de casa

13 ago. 2019 Cristina Camargo

O filme "Lampião, o Rei do Cangaço", de 1964, que conta a história de Virgulino Ferreira da Silva, líder de cangaceiros no Nordeste, foi uma das primeiras inspirações de Pedro Popoff, aos cinco anos.

Desde então, ele começou a inventar rimas e a fazer perguntas e mais perguntas. Conheceu a música de Luiz Gonzaga e a literatura de cordel, divulgou a cultura nordestina em escolas e, agora, aos 13, resolveu criar uma biblioteca só com a linguagem do cordel.

A ideia da cordelteca surgiu há dois anos, já que Pedro começou a receber muitas doações de obras. Resolveu criar o espaço em Bauru (a 330 km de São Paulo), onde mora com os pais.

Com o apoio de poetas e academias especializadas, inaugurou o espaço em abril deste ano, no quintal de casa. A cordelteca recebeu o nome de Gonçalo Ferreira da Silva, poeta de Ipu, no Ceará, um dos fundadores da Academia Brasileira de Literatura de Cordel.

Gonçalo é um dos incentivadores do menino. "É uma iniciativa espetacular. O Pedrinho tem se dedicado à divulgação da literatura de cordel por onde anda. Ele deixa um rastro de luz na história da cultura nacional", afirma o cordelista.

Reprodução/Acervo particular

Pedro Popoff, 13, criou uma biblioteca de cordel em sua cidade, Bauru (SP); garoto recebeu doações de obras da Academia Brasileira de Literatura de Cordel.

Em Bauru, ganhou o apelido de Pedro do Cordel. Ficou famoso por sempre usar chapéu nordestino, alpargatas e bornais típicos. Com os pais, criou o projeto Brincando de Cordel e passou a percorrer escolas e eventos para apresentar a cultura nordestina.

Ao mesmo tempo, reúne livretos. Já são cerca de 2.000 obras obtidas por meio de doações de diversos artistas.

"Esse país precisa de cultura. O estrangeiro é muito bom, mas a gente precisa conhecer nossas raízes", afirma o garoto.

Ele chegou a organizar uma campanha *on-line* de financiamento coletivo para reformar o espaço onde hoje funciona a cordelteca. Antes o lugar era escritório da mãe e precisava de reparos. Conseguiu arrecadar apenas 41% do valor total (R$ 2.600 de R$ 6.300), mas não desistiu. Pediu para os pais trocarem o presente de aniversário de 13 anos pela ajuda para a inauguração.

Os familiares juntaram as economias, alguns empresários contribuíram e Pedro realizou o sonho. Além do acervo literário, a cordelteca tem objetos garimpados no Nordeste, uma coleção de chapéus e um gibão doado pelo poeta Chico Neto Vaqueiro, de Fortaleza (CE).

"Toda semana recebemos cordéis de dezenas de poetas", conta a empresária Carla Mota, mãe do adolescente. Segundo ela, são esses artistas que garantem o funcionamento do espaço.

No início, a paixão de Pedro surpreendeu a família. Ele é neto de imigrantes russos da Sibéria, tem pais roqueiros e não tinha nenhuma relação com o tema. "Ele brincava no tapete de casa com os bonequinhos, com sotaque nordestino. Também cantava no chuveiro canções sobre sagas sertanejas", lembra a mãe.

Intrigados, os pais chegaram a procurar ajuda de uma psicóloga e foram orientados a deixar o filho se expressar. Quando ele tinha oito anos, foi convidado por uma escola de Bauru para falar aos estudantes sobre o amor pelo Nordeste. Contou a trajetória de Lampião, falou sobre Luiz Gonzaga e aconselhou as crianças a conhecerem a história do Brasil.

Ele costuma dizer que nasceu com esse gosto e pergunta: "Como não gostar da cultura nordestina?"

"Eu pretendo continuar com a luta pela cultura, aprender bastante, fazer faculdade de comunicação e ser presidente do Brasil", conta. Um presidente que adora o Nordeste.

[...]

CAMARGO, Cristina. Menino de 13 anos cria cordelteca no interior de SP. **Folha de S.Paulo**, 13 ago. 2019. Disponível em: <https://www1.folha.uol.com.br/cotidiano/2019/08/menino-de-13-anos-cria-cordelteca-no-interior-de-sp.shtml>. Acesso em: 9 nov. 2019.

Por dentro do texto

1 Consulte a fonte da reportagem lida e responda.

a) Onde e quando ela foi publicada?

....

b) Quem é o redator da reportagem?

....

c) Qual é o assunto da reportagem?

....

A **reportagem** é um texto oral ou escrito que relata e amplia as informações sobre fatos que interessam ao público. A reportagem costuma apresentar comentários das pessoas envolvidas nos fatos. Pode também expor o ponto de vista do próprio jornalista ou de especialistas no assunto.

2 O que fez despertar o interesse de Pedro pela cultura nordestina? Quando isso ocorreu?

....

....

3 Quantos anos tinha Pedro quando ele teve a ideia de criar a cordelteca?

....

4 Leia o verbete:

Biblioteca: conjunto de livros, manuscritos, etc., possuídos por uma pessoa ou destinados à leitura pública.

- O que é uma cordelteca?

....

5 Na reportagem, alguns numerais foram utilizados. Retome a leitura e indique os numerais correspondentes:

a) à idade com que Pedro começou a se interessar pela cultura nordestina.

b) à idade que Pedro tinha quando criou a cordelteca.

c) à quantidade de cordéis que Pedro possui em sua cordelteca.

- Converse com os colegas e o professor a respeito da importância da indicação desses números na reportagem.

6 Para produzir a reportagem, a jornalista recolheu depoimentos de algumas pessoas. Identifique quem falou as frases a seguir:

"É uma iniciativa espetacular. O Pedrinho tem se dedicado à divulgação da literatura de cordel por onde anda. Ele deixa um rastro de luz na história da cultura nacional"

....

"Esse país precisa de cultura. O estrangeiro é muito bom, mas a gente precisa conhecer nossas raízes"

....

"Ele brincava no tapete de casa com os bonequinhos, com sotaque nordestino. Também cantava no chuveiro canções sobre sagas sertanejas"

....

7 O título de uma reportagem deve ser atrativo. O que pode chamar a atenção do leitor no título da reportagem lida?

8 Para escrever a reportagem, a jornalista fez algumas pesquisas. Grife na reportagem um trecho que indica uma pesquisa que foi realizada.

Leitura 2

Em sua casa, os adultos costumam contar histórias para as crianças? Existem muitas formas de contar histórias. Conheça uma delas a seguir.

https://www1.folha.uol.com.br/folhinha/2019/10/perguntas-sobre-o-mundo-e-contacao-de-historias-viram-podcasts-para-criancas.shtml

Perguntas sobre o mundo e contação de histórias viram podcasts para crianças

Programas são feitos por e para os pequenos ouvintes

12 out. 2019 Fabiana Schiavon

Desde 2004, o jornalista e publicitário Samuel Leite gosta de escutar *podcasts*. E divide o interesse com os filhos, Bruno, 8, e Luiza, 5. O caminho de casa para a escola virou diversão, com pai e filho ouvindo juntos programas sobre *games*.

E foi numa brincadeira que os três criaram um *podcast* voltado a crianças, o E Se...Podcast.

"Bruno tinha um trabalho de escola e, quando eu sugeri que a gente fizesse um *podcast*, ele adorou", conta Samuel.

Juntos, gravaram uma versão diferente de "João e o Pé de Feijão". "E se o João se desse mal, e o gigante levasse a melhor?", eles se perguntaram.

A família, então, decidiu se reunir ao redor de microfones e levantar algumas perguntas sobre os mais diversos assuntos. E se brócolis tivesse sabor de chocolate? E se o mundo fosse habitado só por robôs? É daí que saem os temas do *podcast*.

Primos, vizinhos e colegas de escola sempre participam como convidados, e hoje eles recebem sugestões de perguntas de ouvintes pelo WhatsApp.

[...]

SCHIAVON, Fabiana. Perguntas sobre o mundo e contação de histórias viram podcasts para crianças. **Folha de S.Paulo,** 12 out. 2019. Disponível em: <https://www1.folha.uol.com.br/folhinha/2019/10/perguntas-sobre-o-mundo-e-contacao-de-historias-viram-podcasts-para-criancas.shtml> Acesso em: 10 nov. 2019.

Saiba mais

O que são *podcasts*?

Um *podcast* é como se fosse um programa de rádio, mas não é: em vez de ter uma hora certa para ir ao ar, pode ser ouvido quando e onde a gente quiser. E em vez de sintonizar numa estação de rádio, a gente acha na internet. De graça. [...]

Disponível em: <https://g1.globo.com/podcast/noticia/2019/04/25/o-que-sao-podcasts.ghtml>. Acesso em: 10 nov. 2019.

Por dentro do texto

1 Identifique quem escreveu a reportagem e onde ela foi publicada.

....

....

2 Qual é o assunto da reportagem?

....

....

3 Assinale as informações apresentadas no primeiro parágrafo.

- [ ] Quando o *podcast* foi criado.
- [ ] Apresentação das pessoas envolvidas.
- [ ] Informações sobre o *podcast*.

4 Como surgiu a ideia da criação do **E Se... Podcast**?

....

....

....

....

5 Levante hipóteses sobre qual pode ser o significado do nome **E se... Podcast**. Em seguida, converse com os colegas e o professor.

6 Que conteúdos são transmitidos no **E se...Podcast**?

....

....

Produção relâmpago → Meus hábitos de leitura

1 Responda às questões a seguir.

- Você tem o hábito de ler?

 ....

- O que você costuma ler? Livros, revistas, quadrinhos?

 ....

- Quais são suas histórias favoritas?

 ....

 ....

- Que recomendação de leitura você daria a outra criança?

 ....

 ....

- Por que você recomendaria essa leitura?

 ....

 ....

2 Depois de responder às perguntas, produza um parágrafo comentando suas preferências de leitura e fazendo uma recomendação de leitura para outra criança. Não deixe de justificar sua recomendação.

....

....

....

....

....

VOCÊ EM AÇÃO

Reportagem

Você e os colegas leram duas reportagens. Agora, vão produzir uma reportagem sobre preferências literárias das crianças.

> **Objetivo da produção:** produzir uma reportagem para ser divulgada no *site* ou blogue da escola.
>
> **Público-alvo:** colegas da sala e da escola, professores, amigos e familiares.

Planejando suas ideias

1 Em duplas, vocês vão fazer uma pequena entrevista com duas crianças. Um de vocês entrevistará uma criança da família; o outro entrevistará uma criança da escola. O tema das entrevistas será: "Preferências literárias das crianças".

2 Registre abaixo as informações obtidas na sua entrevista.

- Nome e idade da criança entrevistada.

  ....

  ....

- Quais são as preferências de leitura da criança? HQs, contos de fadas, textos informativos ou outro?

  ....

  ....

- Qual é o livro preferido da criança?

  ....

  ....

3 Se for possível, tirem fotos dos entrevistados.

Rascunho

1 Nas linhas a seguir, façam o rascunho da reportagem.

✓ **Título da reportagem**

....

✓ **Nome dos repórteres** (seus nomes), **data e local de publicação**

....

✓ **1º parágrafo** (introdução do assunto)

....

....

....

✓ **2º parágrafo** (Informem o nome e a idade das crianças entrevistadas e o relato delas. Usem aspas para identificar as falas.)

....

....

....

....

....

✓ **3º parágrafo** (Relatem as preferências de leitura das crianças entrevistadas e informem o livro preferido de cada uma delas, seguido da justificativa.)

....

....

....

....

✓ **4º parágrafo** (Redijam a conclusão a que chegaram.)

....

....

....

....

2 Caso tenham tirado fotos dos entrevistados, escrevam legendas identificando as pessoas fotografadas.

Revisando suas ideias

Troquem o texto com outra dupla. Avaliem o texto deles seguindo o quadro abaixo

	Sim	Não
O título da reportagem chama a atenção do leitor?		
O texto da reportagem está organizado de acordo com as orientações do **Rascunho**?		
As falas dos entrevistados estão entre aspas?		
A grafia das palavras e a pontuação estão corretas?		
As fotografias estão legendadas?		

Texto final

1 Em uma folha à parte, reescrevam a versão final da reportagem seguindo as observações dos colegas e as orientações do professor.

2 Não se esqueçam de colocar o título da reportagem e seus nomes, além das fotos dos entrevistados e das legendas.

3 Juntos vocês vão digitalizar os textos para que sejam publicados no *site* ou no blogue da escola. Se quiserem, também podem digitar os textos no computador.

EXPLORANDO O TEMA...

Contação de história!

Ouvir histórias é uma prática muito antiga e faz parte de nossa cultura e tradição oral. Há muitos anos, quando não havia livros ou o acesso a eles era difícil, as rodas de crianças, jovens e adultos eram comuns, todos em torno de um contador de histórias.

Observe a imagem a seguir:

Coleção Particular/Christie's Images/Bridgeman Images/Keystone Brasil

O contador de histórias, de Lucia Mathilde von Gelder. Óleo sobre tela. 68,6 x 88,2 cm.

Agora leia o depoimento de Alessandra, uma jornalista que é contadora de histórias e que já publicou mais de 40 livros, dado no dia internacional do contador de histórias.

> "Eu sempre fui contadora de histórias, porque todos nós somos. Fui para as artes cênicas porque queria muito trabalhar essa coisa da oralidade, da fala, da musicalidade. E por causa do primeiro livro, fui chamada para ir às escolas falar sobre o que estava por trás das histórias", conta a autora, que publicou o primeiro livro, O menino que pescava estrelas, em 2004.

Disponível em: <https://www.correiobraziliense.com.br/app/noticia/diversao-e-arte/2019/03/21/interna_diversao_arte,744220/contadores-de-historias-formam-leitores-e-cidadaos.shtml>. Acesso em: 18 dez. 2019.

Refletindo sobre o tema

1 Descreva os principais elementos representados na pintura.

2 Quais cores predominam na pintura?

3 Em sua opinião, as pessoas representadas na pintura se conhecem? Que relação elas poderiam ter?

4 Imagine que as crianças da pintura estejam ouvindo uma história. Que história poderia ser? Por quê?

5 Você já participou de uma situação semelhante à que está sendo representada nessa pintura? Conte ao professor e aos colegas.

6 Em sua opinião, por que Alessandra disse que todos nós somos contadores de histórias?

Ampliando e mobilizando ideias

1 Agora, sua tarefa é conversar com uma pessoa que tenha mais de 65 anos sobre histórias que ela viveu em sua infância. A seguir, há algumas perguntas que facilitarão a sua conversa com essa pessoa. Anote as respostas no caderno.

a) O (A) senhor(a) gostava de ouvir histórias quando era criança?

b) Quem lhe contava histórias?

c) O (A) senhor(a) se reunia com outras pessoas para ouvir ou contar histórias?

d) O (A) senhor(a) se lembra de histórias ou situações que tenha vivido quando era criança que possam ser contadas?

2 Depois da conversa, convide a pessoa com a qual você conversou para uma roda de contação de histórias na sua escola. Com os colegas e o professor, vocês vão organizar um encontro para que possam ouvir histórias. Vai ser divertido!

SUGESTÕES PARA O ALUNO

UNIDADE 1

Livro

Eugênia e os robôs, de Janaina Tokitaka. Rio de Janeiro: Rocco.

Eugênia é uma menina de 11 anos muito inteligente e apaixonada por mecânica. Um dia, ela resolve criar os próprios amigos e constrói robôs. Mas será que esses amigos mecânicos substituem amigos humanos?

Filme

Operação Big Hero. Direção de Don Hall e Chris Williams. Estados Unidos, 2014.

Hiro Hamada é um menino prodígio de 13 anos. Após perder o irmão, Hiro encontra ajuda vinda de algo inesperado: um robô inflável projetado por seu irmão. Juntos eles vão defender a Terra de vilões e encontrar amizades verdadeiras.

Canal

Manual do Mundo. Disponível em: <https://www.youtube.com/user/iberethenorio>. Acesso em: 17 mar. 2020.

Este canal apresenta vídeos com conteúdo educativo e divertido com experiências, desafios, piadas e mágicas.

UNIDADE 2

Livro

O amuleto perdido e outras lendas africanas, de Magdalene Sacranie. São Paulo: Panda Books.

Como será que a sabedoria se espalhou pelo mundo? Por que o casco do jabuti é remendado? E como a lebre ficou com o lábio partido? Emocione-se com a história de Ntagi, que perdeu seu precioso amuleto no fundo do mar. Esta coletânea apresenta contos populares de diferentes tradições africanas — desde as planícies agrestes do Sudão até uma pequena aldeia em Camarões.

Canal

Marina Bastos conta histórias. Disponível em: <https://www.youtube.com/user/MarinaBastosAtriz>. Acesso em: 15 abr. 2020.

Canal de contação de histórias voltado para o público infantil. Nele, a apresentadora traz narrativas divertidas para entreter a criançada.

UNIDADE 3

Livro

ABC dos Direitos Humanos, de Dulce Seabra e Sérgio Maciel. São Paulo: Cortez.

Conhecer nossos direitos e deveres é fundamental para um mundo mais justo. Este livro apresenta a Declaração dos Direitos Universais às crianças com uma linguagem simples e lindas ilustrações.

Filme

Detetives do Prédio Azul 2: o mistério italiano. Direção de Vivianne Jundi. Brasil, 2018.

Neste filme, Pippo, Bento e Sol viajam para a Itália para tentar desvendar o desaparecimento da bruxa Berenice. Será que o grupo de amigos conseguirá resolver esse mistério?

Série

Esquadrão Bizarro, de Tim McKeon e Adam Peltzman. Canadá/Estados Unidos, 2014.

Nessa série, um grupo de crianças investiga mistérios, coisas estranhas e bizarras usando habilidades matemáticas.

UNIDADE 4

Livro

No meio da noite escura tem um pé de maravilha!, de Ricardo Azevedo. São Paulo: Ática.

Neste livro há contos folclóricos importantes de nosso país. Ricardo Azevedo os reconta usando uma linguagem simples que leva o leitor a vivenciar as histórias e a aprender sobre a cultura do Brasil.

Canal

Turma do Folclore. Disponível em: <https://www.youtube.com/channel/UCD-Rh7fnSL2aeF9xviJ4LGw/about>. Acesso em: 17 mar. 2020.

Com vídeos divertidos, a Turma do Folclore apresenta conteúdo diversificado e relacionado a cultura e tradição popular do Brasil.

Site

Ciência Hoje das Crianças — Baú de histórias. Disponível em: <http://chc.org.br/artigo_category/bau-de-historias/>. Acesso em: 17 mar. 2020.

Seção do portal destinada a divulgação de histórias, lendas e contos diversos relacionados a cultura popular brasileira.

BIBLIOGRAFIA

BATISTA, A. A. G. *O texto escolar*: uma história. Belo Horizonte: Autêntica, 2007.

BEZERRA, B. G.; BIASI-RODRIGUES, B.; CAVALCANTE, M. M. (Org.). *Gêneros e sequências textuais*. Recife: Edupe, 2009.

BRASIL. Ministério da Educação. *Base Nacional Comum Curricular*. Brasília: MEC, 2018. Disponível em: <http://basenacionalcomum.mec.gov.br/images/BNCC_EI_EF_110518_versaofinal_site.pdf>. Acesso em: 7 jan. 2020.

CHARAUDEAU, P. *O discurso das mídias*. São Paulo: Contexto, 2006.

COSCARELLI, C.; RIBEIRO, A. E. (Org.). *Letramento digital*: aspectos e possibilidades pedagógicas. 2. ed. Belo Horizonte: Ceale/Autêntica, 2007.

DELL'ISOLA, R. L. P. *Retextualização de gêneros escritos*. Rio de Janeiro: Lucerna, 2007.

DOLZ, J.; SCHNEUWLY, B. *Gêneros orais e escritos na escola*. Tradução e organização de Roxane Rojo e Glaís Sales Cordeiro. Campinas: Mercado de Letras, 2004.

KOCH, I. V. *Desvendando os segredos do texto*. São Paulo: Cortez, 2003.

_______; ELIAS, V. M. *Ler e escrever*. São Paulo: Contexto, 2015.

MARCUSCHI, L. A. *Da fala para a escrita*: atividades de retextualização. São Paulo: Cortez, 2005.

_______. Gêneros textuais: configuração, dinamicidade e circulação. In: KARWOSKI, A. M.; GAYDECZKA, B.; BRITO, K. S. (Org.). *Gêneros textuais*: reflexões e ensino. Rio de Janeiro: Lucerna, 2006.

_______. Gêneros textuais: definição e funcionalidade. In: DIONISIO, A. P.; MACHADO, A. R.; BEZERRA, M. A. (Org.). *Gêneros textuais & Ensino*. Rio de Janeiro: Lucerna, 2005.

_______. *Produção textual, análise de gêneros e compreensão*. São Paulo: Parábola, 2008.

ROJO, R.; MOURA, E. *Multiletramentos na escola*. São Paulo: Parábola Editorial, 2012.

UNIDADE 3

HISTÓRIA EM QUADRINHOS

NOME: .... DATA: ....

Nils Z/Shutterstock

Nils Z/Shutterstock

UNIDADE 4

FÁBULA

NOME: .... DATA: ....

Banco de imagens/Arquivo da editora

Banco de imagens/Arquivo da editora

UNIDADE 4

CORDEL

NOME: .... DATA: ....

aopsan/Shutterstock

aopsan/Shutterstock